ENZYKLOPÄDIE
DEUTSCHER
GESCHICHTE
BAND 62

ENZYKLOPÄDIE
DEUTSCHER
GESCHICHTE
BAND 62

HERAUSGEGEBEN VON
LOTHAR GALL

LEBENSWELT UND KULTUR DER UNTERSTÄNDISCHEN SCHICHTEN IN DER FRÜHEN NEUZEIT

VON
ROBERT VON FRIEDEBURG

R. OLDENBOURG VERLAG
MÜNCHEN 2002

Die Deutsche Bibliothek – CIP-Einheitsaufnahme

Friedeburg, Robert /von:
Lebenswelt und Kultur der unterständischen Schichten in der Frühen Neuzeit /
von Robert von Friedeburg. – München : Oldenbourg, 2002
(Enzyklopädie deutscher Geschichte ; Bd. 62)
ISBN 3-486-55795-5
ISBN 3-486-55796-3

Rosenheimer Straße 145, D-81671 München
Internet: http://www.oldenbourg.de

Umschlaggestaltung: Dieter Vollendorf
Gedruckt auf säurefreiem, alterungsbeständigem Papier (chlorfrei gebleicht)
Gesamtherstellung: R. Oldenbourg Graphische Betriebe Druckerei GmbH, München

ISBN 3-486-55795-5 (brosch.)
ISBN 3-486-55796-3 (geb.)

Vorwort

Die „Enzyklopädie deutscher Geschichte“ soll für die Benutzer – Fachhistoriker, Studenten, Geschichtslehrer, Vertreter benachbarter Disziplinen und interessierte Laien – ein Arbeitsinstrument sein, mit dessen Hilfe sie sich rasch und zuverlässig über den gegenwärtigen Stand unserer Kenntnisse und der Forschung in den verschiedenen Bereichen der deutschen Geschichte informieren können.

Geschichte wird dabei in einem umfassenden Sinne verstanden: Der Geschichte in der Gesellschaft, der Wirtschaft, des Staates in seinen inneren und äußeren Verhältnissen wird ebenso ein großes Gewicht beigemessen wie der Geschichte der Religion und der Kirche, der Kultur, der Lebenswelten und der Mentalitäten.

Dieses umfassende Verständnis von Geschichte muss immer wieder Prozesse und Tendenzen einbeziehen, die säkularer Natur sind, nationale und einzelstaatliche Grenzen übergreifen. Ihm entspricht eine eher pragmatische Bestimmung des Begriffs „deutsche Geschichte“. Sie orientiert sich sehr bewusst an der jeweiligen zeitgenössischen Auffassung und Definition des Begriffs und sucht ihn von daher zugleich von programmatischen Rückprojektionen zu entlasten, die seine Verwendung in den letzten anderthalb Jahrhunderten immer wieder begleiteten. Was damit an Unschärfen und Problemen, vor allem hinsichtlich des diachronen Vergleichs, verbunden ist, steht in keinem Verhältnis zu den Schwierigkeiten, die sich bei dem Versuch einer zeitübergreifenden Festlegung ergäben, die stets nur mehr oder weniger willkürlicher Art sein könnte. Das heißt freilich nicht, dass der Begriff „deutsche Geschichte“ unreflektiert gebraucht werden kann. Eine der Aufgaben der einzelnen Bände ist es vielmehr, den Bereich der Darstellung auch geographisch jeweils genau zu bestimmen.

Das Gesamtwerk wird am Ende rund hundert Bände umfassen. Sie folgen alle einem gleichen Gliederungsschema und sind mit Blick auf die Konzeption der Reihe und die Bedürfnisse des Benutzers in ihrem Umfang jeweils streng begrenzt. Das zwingt vor allem im darstellenden Teil, der den heutigen Stand unserer Kenntnisse auf knappstem Raum zusammenfasst – ihm schließen sich die Darlegung und Erörterung der Forschungssituation und eine entsprechend gegliederte Auswahlbibliografie an –, zu starker Konzentration und zur Beschränkung auf die zentralen Vorgänge und Entwicklungen. Besonderes Gewicht ist daneben, unter Betonung des systematischen Zusammenhangs, auf die Abstimmung der einzelnen Bände untereinander, in sachlicher Hinsicht, aber auch im Hinblick auf die übergreifenden Fragestellungen, gelegt worden. Aus dem Gesamtwerk lassen sich so auch immer einzelne, den jeweiligen Benutzer besonders interessierende Serien zusammenstellen. Ungeachtet dessen aber bildet jeder Band eine in sich abgeschlossene Einheit – unter der persönlichen Verantwortung des Autors und in völliger Eigenständigkeit gegenüber den benachbarten und verwandten Bänden, auch was den Zeitpunkt des Erscheinens angeht.

Lothar Gall

Inhalt

Vorwort des Verfassers

Der folgende Überblick bezieht sich auf den deutschsprachigen mitteleuropäischen Raum und muss die Literatur zu anderssprachigen Kulturen innerhalb des Heiligen Römischen Reiches schon deswegen aussparen, weil angesichts der vorgegebenen Beschränkung des Umfangs des Bandes deren angemessene Berücksichtigung ohnehin kaum möglich gewesen wäre.

Zu Recht weist Wolfgang von Hippel auf die Probleme hin, die mit dem Begriff „Unterschichten" verbunden sind [120: HIPPEL, Armut, 1]. Auch die Begriffe „Volk" und „Volkskultur" zeichnen sich nicht durch Trennschärfe aus. Sie kennzeichnen jedoch Forschungsperspektiven, die in erster Linie Lebensweise und Kultur der breiten Bevölkerung ohne Teilhabe an ständischen oder korporativen Privilegien in den Blick nehmen. Die Teilhabe am kirchlichen Leben und an weltlicher Geselligkeit unterschied sich während der Frühen Neuzeit nach Konfession und Stand, nach Geschlecht und Lebensalter. Sie führte jedoch auch verschiedene Status- und Einkommensgruppen, ja selbst verschiedene Stände, zusammen. Schon die Quellen- und Literaturlage erzwingt daher im Folgenden die Einbeziehung von Studien, die nicht in jedem Falle trennscharf zwischen unterständischen Schichten, Unterschichten und dem Rest der Bevölkerung unterscheiden.

Sollte es dem Band gelungen sein, wenigstens einen Ausschnitt aus dem breiten Kaleidoskop unterschiedlicher Forschungsfragen und -ansätze zur „Volkskultur" vorzustellen, ist das vor allem der Unterstützung der Fachabteilung Geschichte der Bibliothek der Universität Bielefeld, ganz besonders Frau Crusius und Herrn Dannenberg, der steten hilfreichen Gesprächsbereitschaft von Axel Flügel, Stefan Gorißen und Ulinka Rublack und der kritischen Lektüre von Horst Möller zu danken.

Robert v. Friedeburg

Den Bielefelder Freunden, Kollegen und Lehrern

I. Enzyklopädischer Überblick

1. Begriffsbestimmung

Begriff „Kultur"

„Kultur" der unterständischen Schichten meint die besonderen Formen der Teilhabe der breiten Bevölkerung an dem religiösen Leben und der profanen Geselligkeit der ständischen Gesellschaft. Eingebettet in unterschiedliche Formen des Lebensunterhalts blieben Lebensweise und Kultur der breiten Bevölkerung verklammert, ohne sich gegenseitig zu determinieren. Der Lebensunterhalt bestimmte jedoch beispielsweise den Spielraum zur Muße nachhaltig. Ohne den Blick auf Lebensweisen bliebe ein Überblick zur Volkskultur daher unverständlich. Der überwiegende Teil der Bevölkerung im Deutschland der Frühen Neuzeit besaß keine ständischen Herrschaftsrechte und zählte weder zu den ratsfähigen Familien des städtischen Bürgertums und des zünftigen Handwerks noch zum Hofbauerntum, welches seinerseits, wenn auch nur sehr vereinzelt, Zugang zu landständischer Repräsentation finden konnte. Auf diese Mehrheit der Bevölkerung trifft der Begriff der unterständischen Schichten, wenn auch nicht notwendig im gesamten Lebensverlauf, zu. Ein zünftiger Handwerker oder seine Frau konnte im Alter, bei Krankheit oder Gewerbekrisen darüber hinaus zu einem Angehörigen der Unterschicht werden, ohne es bei Geburt bereits gewesen zu sein. Wer freilich in die Unterschicht hinein geboren wurde, dem gelang selten der Aufstieg aus ihr hinaus. So sehr sich die unterständischen Schichten im Hinblick auf ihre Lebenschancen von anderen Bevölkerungsgruppen unterschieden und keine ständischen Herrschaftsrechte besaßen, ihre Kultur ergab sich aus der Teilhabe an der Kultur der ständischen Gesellschaft. Ein Beispiel veranschaulicht die Problematik. Der überwiegende Teil der Einwohner des oberhessischen lutherischen Dorfes Caldern bestand um die Mitte des 18. Jahrhunderts weder aus Bürgern noch aus Bauern, sondern aus landarmen und landlosen Tagelöhnern, die sich als Leineweber, Soldaten oder Erntehilfen durchschlugen. Ihre Söhne und Töchter heirateten kaum je in die bäuerlichen Familien hinein, der Erwerb eines Hofes blieb so gut wie ausgeschlossen. Die verheirateten oder verwitweten Haushaltsvorstände

Begriff „unterständische Schichten"

dieser landarmen oder landlosen Unterschicht besaßen jedoch Stimmrecht in der Gemeindeversammlung und übten als Kirchenvorstände die presbyteriale Kirchenzucht mit und gegenüber den anderen Gemeindemitgliedern aus. Ihre Bemühungen als Presbyter zielten darauf, „ungebührlich nicht nur wider Gottes Ordnung, sondern auch wider die bürgerliche und natürliche Ehrbarkeit streitenden Dinge“ zu rügen. Soweit es Lebensweise und Lebensunterhalt gestatteten, nahmen sie am kirchlichen Leben und an der profanen Geselligkeit ihrer ständisch geprägten Umwelt teil.

Probleme der Abgrenzung

Die ständische Gesellschaft betrachtete sich selbst nicht als die Summe der durch die Kräfte des Marktes entstandenen und gegeneinander abgegrenzten sozialen Klassen. Die Ungleichheit im umfassenden Sinn des Wortes als akzeptiertes Prinzip gesellschaftlicher Arbeitsteilung wurde durch die Forderung nach der Unterwerfung aller Mitglieder der Gesellschaft unter „Gottes Ordnung“ und „bürgerliche und natürliche Ehrbarkeit“ ergänzt. Angehörige der Unterschichten wurden während der Frühen Neuzeit besonders häufig zum Gegenstand der Bekämpfung von Vagantentum, Kriminalität und Sittendelikten. Sie verteidigten jedoch zugleich die Normen der ständischen Gesellschaft, beispielsweise durch ihre Mitwirkung an der Bestrafung anderer Angehöriger der Unterschichten. Die Randgruppen, die wegen ihrer Vergehen gegen „Gottes Ordnung“ und „bürgerliche und natürliche Ehrbarkeit“ in unterschiedlicher Form und aus unterschiedlichen Gründen von der ständischen Gesellschaft ausgeschlossen wurden – vagierende Gruppen, Räuber, unehrliche Erwerbsgruppen – rekrutierten sich zwar ganz überwiegend auch aus den sesshaften Unterschichten. Die Kultur der unterständischen Schichten war deswegen jedoch keine „Gegenkultur“, denn große Teile der Unterschichten bekannten sich zur kirchlichen und ständischen Ordnung und ihren Normen. Die in der Regel marginale soziale Existenz der breiten Bevölkerung erzwang zwar von Fall zu Fall besondere Formen der Teilhabe an der Kultur der ständischen Gesellschaft. Dennoch teilten die unterständischen Schichten insgesamt und auch die Unterschichten viele Formen dieser Partizipation mit ihren bäuerlichen und bürgerlichen Nachbarn. Bildliche Darstellungen spielten beispielsweise besonders für die Unterschichten, aber nicht nur für sie, eine wichtige Rolle bei der Rezeption der kirchlichen Botschaften. Nicht zuletzt aus diesem Grund ist in der Forschung daher von Volkskultur weniger im Sinne einer Kultur des Volkes schlechthin die Rede, als im Sinne eines Pols der Formen und Medien der Teilhabe an der Kultur der ständischen Gesellschaft, der dem der gelehrten Stände entgegenzustellen sei. Jüngere Begiffsprägungen,

Partizipation an der Kultur der ständischen Gesellschaft

Begriff „Volkskultur“

beispielsweise die Ersetzung der überholten Dichotomie von „Volks“- und „Elitenkultur“ durch die Gegenüberstellung von „Grand tradition“ und „Petit tradition“ tragen demgegenüber zur Überwindung der falschen Vorstellung von der „Volkskultur“ als vermeintlicher „Gegenkultur“ wenig bei.

Mentalitäts- und Sozialgeschichte

Sozialhistorisch ist auf die Vielfalt der Lebenslagen und Lebenschancen hinzuweisen, die weit über das Phänomen der Armut und Abhängigkeit von Armenunterstützung hinausgehen, die in der Regel aber eine saubere Abgrenzung der Unterschichten von Stadtbürgern und Hofbauern erlauben. Mentalitätsgeschichtlich ist jedoch festzustellen, dass die unterständischen Schichten an der Kultur der ständischen Gesellschaft, wenn auch in je eigener Form, partizipierten, und insofern nur bedingt und unter Vorbehalt von einer ihnen eigenen Kultur gesprochen werden kann.

Die unterständischen Schichten waren Angehörige der ständischen Gesellschaft in dem Sinne, dass sie ihren Gesetzen unterworfen waren und an ihrem Rechtsschutz grundsätzlich partizipierten, auch wenn sie selbst für die Übernahme von Ämtern, an die Herrschaftsrechte gekoppelt waren, in der Regel nicht in Frage kamen. Hier liegt gleichwohl noch nicht die Grenze zwischen Stadtbürgern bzw. Vollbauern und Unterschicht. Denn die Stadtbürger, die nicht ratsfähig waren, lassen sich gleichwohl wenigstens so lange nicht zur Unterschicht zählen, wie sie nicht auf Armenhilfe angewiesen waren.

Begriff „Randgruppe“

Ebensowenig sollten die Unterschichten ohne weiteres als Randgruppen bezeichnet werden. Denn die Unterwerfung unter „Gottes Ordnung“ und „bürgerliche und natürliche Ehrbarkeit“ war Anspruch der Gesellschaft an alle ihre Mitglieder und musste als Voraussetzung der Zugehörigkeit zu ihr auch ein Anliegen der Unterschichten im engeren Sinne und der unterständischen Schichten insgesamt sein. Teilhabe war nicht in erster Linie eine Frage des Einkommens, sondern der Rechtgläubigkeit und der Gesetzestreue. In diesem Sinne zählten nicht nur die Unterschichten mit Bürgerrechten, sondern auch diejenigen Personengruppen, die keine stadtbürgerlichen Rechte besaßen, seien es Tagelöhner und Tagelöhnerinnen in Stadt und Land, Mägde, Gesellen, unzünftige Handwerker, ländliche Unterschichten usf., zur ständischen Gesellschaft in dem ihr eigenen Selbstverständnis als *societas civilis*, als eine Zusammenkunft zum Leben unter den Gesetzen. Von den unterständischen Schichten insgesamt und den sesshaften Unterschichten in „ehrlichen“ Beschäftigungen sind daher die unehrlichen Gruppen und diejenigen, die durch Gesetzesbruch die Gesellschaft verlassen hatten, zunächst einmal scharf zu unterscheiden. Allerdings besteht kein

Zweifel, dass Armut und marginale Lebensbedingungen eine Voraussetzung dafür waren, aus einem Unterschichtenleben innerhalb der ständischen Gesellschaft in das Leben eines geächteten Außenseiters hinüberzugleiten. Daher müssen auch „unehrliche Gruppen“ und Randgruppen behandelt werden.

Teilhabe an Ehre

Falsch wäre jedoch, von den zeitgenössischen Stereotypen zurückzuschließen und eine in sich geschlossene, aus der ständischen Gesellschaft ausgeschlossene und als Gegenkultur organisierte Personengruppe anzunehmen. Die einfache Bevölkerung wurde nicht nur von Prozessen der Ausgrenzung aus der ständischen Gesellschaft im Verlauf der Frühen Neuzeit betroffen, sie trieb selbst solche Prozesse der Ausgrenzung gegen andere voran, wenn beispielsweise im Verlauf der Frühen Neuzeit Gruppen wie die der städtischen Knechte zunehmend als unehrlich diskriminiert wurden.

Gruppen in den unterständischen Schichten

Behandelt werden im Folgenden zum einen die Altersgruppe aller Personen, die als Unverheiratete vom Besitz des Bürgerrechts bzw. dem Besitz eines Hofes zunächst noch ausgeschlossen blieben, besonders Lehrlinge, Gesellen und Gesinde. Aufgrund des auch für weite Teile Mitteleuropas geltenden nordwesteuropäischen Heiratsmusters verließen viele Jugendliche noch vor Vollendung des 20. Lebensjahres Eltern und Geburtsort, um für zehn und mehr Jahre im Gesindedienst als Mägde, Lehrlinge oder Gesellen ihr Leben zu fristen. Für einige von ihnen mochte im Verlauf ihres Lebens die Heirat, der Erwerb einer bürgerlichen Nahrungsstelle oder eines bäuerlichen Hofes auch den Beginn einer stadtbürgerlichen oder bäuerlichen Existenz mit sich bringen. Rund einem Viertel der Söhne des Berliner Handwerks gelang es gegen Ende des 18. Jahrhunderts jedoch nicht, in die väterlichen Fußstapfen eines Handwerksmeisters zu treten und damit stadtbürgerliche Ehren zu erwerben.

Mieter

Zu den Unterschichten zählten auch Haushaltsvorstände ohne eigenes Haus, darunter besonders die von Armenfürsorge abhängigen Personen und lohnabhängige unzünftige Handarbeiter. In der Reichsstadt Hall waren von 1124 (1545) bzw. 1476 (1800) Haushaltungen 476 bzw. 674 solche von „Bürgern, so kein eigen Häuser bewohnen“ [14: WUNDER, Bürger, 186f.]. Weit über ein Drittel der städtischen Haushalte mochte bei Krankheit oder Alter in die Abhängigkeit von der städtischen Fürsorge fallen. In Berlin nahm sich die Armendirektion 1786 vor allem auch derer an, die ihren Mietzins aufgrund ihrer Armut nicht mehr tragen konnten. Die besondere Abhängigkeit und soziale Gefährdung von Mietern, obwohl es sich dabei rechtlich durchaus um Stadtbürger handeln konnte, reiht diese Gruppe in unseren Gegenstand ein. Unter den Hunderten von Berlinern, deren Mietschulden zu übernehmen waren, zählte das Berliner Armendirektorium seit 1786 nur wenige Handwerksmeister, dafür umso mehr „Seidenwirker, Wollarbeiter, Arbeitsleute oder andere Lohnarbeiter" [12: SCHULTZ, Handwerk, 28]. Der bürgerliche Mittelstand der Städte mit dem Kern der Handwerksmeister lässt sich auch in anderen Städten deutlich von den unterständischen Schichten abgrenzen. Ein beachtlicher Teil der Nürnberger Handwerker verfügte beispielsweise neben der Bibel und erbaulichen Schriften über eine bemerkenswerte Vielfalt unterschiedlicher Bücher. In der Kleinstadt Vreden waren 1749 von 277 Tagelöhnern nur elf zugleich als Fuhrmann, Schneider, Schuster, Schmied usf. tätig, also zugleich als Handwerker. Damit blieb die Zahl dieser Überschneidungen zwischen Handwerkerschaft und Unterschichten vergleichsweise klein. Andererseits lagen die durch Inventare indizierten Einkommensniveaus von Handwerkern aus Nürtingen bei Webern, Fischern, Metzgern, Schneidern und Strumpfstrickern am untersten Ende der städtischen Einkommen. Handwerksmeister dieser Handwerkergruppen, darüber hinaus Schuhflicker, Korbmacher, Bader usf., werden von Hippel den Unterschichten zugerechnet. Die Grenze zwischen dem Kern des „ehrbaren Handwerks" und den Unterschichten, obgleich von Stadt zu Stadt und Zeitpunkt zu Zeitpunkt jeweils bestimmbar, blieb aufgrund der Vielzahl der verschiedenen Umstände fließend. Handwerk und Unterschichten sind zwar grundsätzlich zu unterscheiden. Die Aussage, ein Weber könne in keinem Falle ein Mitglied der Unterschicht gewesen sein, ist aber falsch.

Beisitzer

Jenseits der Gruppe der verarmten Handwerker und der Gruppe derjenigen Bürger, die ohne eigenen Hausbesitz auskommen mussten, und insofern zu den unterständischen Schichten, wenn auch nicht notwendig zu den Unterschichten zählten, lebten in der Stadt jedoch auch Beisitzer und nichtzünftige Handarbeiter. Das waren in Hall um 1800 noch einmal 200 Beisitzer und 108 Hausgenossen „so keine Güter haben und keine Bürger sind" [14: WUNDER, Bürger, 188]. Zwischen den Handwerksgesellen als – idealtypischer – Altersgruppe und den Lohnarbeitern – als altersunabhängigem Teil der Unterschicht – bestanden von Fall zu Fall ebenso fließende Übergänge wie zwischen dem „Alten Handwerk" und den Arbeitern in Manufakturbetrieben in der seit dem Ende des 18. Jahrhunderts entstehenden Industrie.

Unterbäuerliche Schichten

Auf dem Lande setzte sich ein unterschiedlich großer Teil der ländlichen Bevölkerung aus Landarmen zusammen, die sich mit einer Vielzahl abhängiger Beschäftigungen und Mischeinkommen – vom gewerblichen Nebenerwerb über Formen der Wanderarbeit bis hin zur

Unzünftige Gewerbe

landwirtschaftlichen Tagelöhnerei – durchschlugen. Leichter fällt die Eingrenzung der Vielzahl fliegender Händler, der Scherenschleifer, Korbflechter, kurz des „ambulanten Kleinhandels" [119: HEUMANN, Ausruff, 75] als unzünftiger und mobiler Gruppe, und insofern auch als Teil der Unterschicht. In der Stadt zählten sie häufig zur vielfältigen Gruppe der „Fremden". Darunter zählte der Würzburger Rat 1788 auch die zur „letzten und niederen Klasse des Volks gehörigen Menschen, welche sich ... bei Privatleuten oder sonst in anderen Höfen und Häusern aufhalten wollen, ohne daß sie wirklich Eingebürgerte der Stadt sind...". Nicht zuletzt die Furcht vor Unruhe und der Belastung der eigenen Armenkassen ließ den Rat die Grenze zwischen genehmen und genau zu beaufsichtigenden Fremden ziehen.

Abgrenzung der Unterschichten auf dem Lande

Wenigstens die wirtschaftlich führenden bäuerlichen Haushaltsvorstände besaßen in ihrer Gemeinde, je nach Gemeindeverfassung, erhebliche Mitwirkungsmöglichkeiten, in deren Rahmen sie an der Herrschaft über die ländlichen Unterschichten im eigenen wie im Interesse der Landesherrschaft mitwirkten. Hofbauern sollen daher weitgehend von der Betrachtung ausgeschlossen bleiben. Die Grenze zwischen der Vielzahl der sesshaften unterbäuerlichen Schichten auf dem Lande und den vagierenden Unterschichten, deren Handel und Wandel die Stadtväter ebenso wie die Bauern mit Misstrauen betrachteten, ist häufig schwer zu ziehen. Viele der fliegenden Händler, die ihr Auskommen auch in den Städten erzielten, mochten auf dem Lande eine kleine Parzelle ihr Eigen nennen. Schließlich zählten die Beschäftigten der unehrlichen Gewerbe, wie die Scharfrichter, und die Soldaten zur Unterschicht.

Stereotpype und Gruppenbildung

Im Verlauf der Frühen Neuzeit sah sich die ständische Gesellschaft mit einer Gefährdung der Ordnung durch eine vermeintlich wachsende Gruppe von Rechtsbrechern konfrontiert. Es entstanden Quellen, die ein Licht auf viele Angehörige der Unterschichten werfen, ohne deshalb deren Gesamtsituation zu spiegeln. Unterschichten, Randgruppen und Rechtsbrecher verschmolzen in dieser Gefährdungserfahrung mehr oder minder zu einer Gruppe. Das darf jedoch nicht darüber hinwegtäuschen, dass es sich tatsächlich nicht nur um verschiedene Gruppen handelte, sondern dass weite Teile der unterständischen Schichten und der Unterschichten sich selbst in eben solcher Distanz zu den Randgruppen sahen wie ihre eigene ständische Obrigkeit.

Kaleidoskop der unterständischen Schichten

Zwischen dem ehrbaren, nun aber verarmten Handwerker oder seiner Witwe, die im Alter auf Armenunterstützung angewiesen sein mochten, den Mitgliedern der unzünftigen Gewerbe, den vagierenden Gruppen, denen von Fall zu Fall bereits mit Misstrauen und Furcht begegnet wurde, den unehrlichen Gruppierungen, deren Kontakt z. T. gemieden wurde, und den Räubern, Gaunern und Hehlern, den Gegnern der geordneten Gesellschaft, bestand eine breite Spanne sozialer Erfahrung und ständischer Selbst- und Fremdbewertung. Dem Kaleidoskop der ständischen Gesellschaft zwischen Hochadel und städtischem Handwerksmeister und Zunftvertreter stand eine wenigstens ebenso bunte und heterogene Mischung der unterständischen Schichten gegenüber, die teils noch zur ständischen Gesellschaft gehörte insofern als sie von ihr als „ehrlich" anerkannt wurde, teils aus ihr herausgefallen war.

2. Grundzüge der Lebensweisen der unterständischen Schichten

2.1 *Lebensräume*

2.1.1 Die Stadt

Städtische Armut

Besonders die Städte der Frühen Neuzeit waren Lebensorte von Personengruppen, die völlig oder teilweise auf die Armenunterstützung ihrer Gemeinde angewiesen waren, auch wenn es sich dabei z. T. um Personen mit stadtbürgerlichen Rechten handelte. In Augsburg zahlte allein das oberste Zehntel der Bäckerhaushalte über 90% der Steuern aller Bäcker, bei den Metzgern lag der vergleichbare Wert bei über 73%. Eine Studie zu Würzburg zählte bereits für 1495 fast 90% der Haushaltsvorstände zur Gruppe der „Armen". Im Verlauf des 16. Jahrhunderts nahm der Anteil potenziell armer Haushaltsvorstände ohne hinreichende Absicherung durch Hauseigentum in vielen Städten vermutlich zu. Von 3889 männlichen Einwohnern besaßen in der Residenzstadt Kassel 1724 nur die Hälfte das Bürgerrecht, darunter die 678 Hauseigentümer. 1610 dieser Einwohner waren Mieter und 1013 Gesellen, Lehrlinge und Knechte. Dazu kam das „herrenlose Gesinde", dem der Aufenthalt in den Stadtmauern schon 1708 eigens verboten worden war. Rund ein Drittel der Haushaltsvorstände Oldenburgs lassen sich mit nur einem Reichstaler Kopfsteuer als Unterschicht bezeichnen. In Kiel waren um 1789 über die Hälfte der Haushaltsvorstände Mitglieder der Unterschicht. „In Köln bildeten Gesellen und Lohnarbeiter mit 1810 Haushalten am Ende des 18. Jahrhunderts die zweitgrößte Berufsgruppe" [113: EBELING, Bürgertum, 83]. Von 40000 Einwohnern sollen um 1800 überhaupt nur 6000 Bürger gewesen sein, „das heißt: Leute die sich von ihrem Interesse, Handel oder Handwerke nähren. In der Klasse der Nichtbürger machen die Bettler eine wichtige Rubrik und vielleicht ein Drittel der ganzen Summe aus", kommentierte eine zeitgenössische Statistik von 1781 [zit. nach 128: MILZ, Großgewerbe, 90]. In Klein-Karlsruhe waren 59,4% der Personen mit Berufsangaben 1790 Tagelöhner, Knechte oder Soldaten. Selbst in der Kleinstadt Vreden bezeichneten sich von rund fünftausend Einwohnern 277 als Tagelöhner.

Städtische unzünftige Erwerbsmöglichkeiten

Die Stadt, vor allem aber große Städte wie Hamburg, Berlin oder Köln, bot in unvergleichlichem Maße Beschäftigungsmöglichkeiten. Selbst wo, wie in Hildesheim, noch bis um 1800 das gesamte städtische Handwerk zünftig organisiert war, hatten sich schon um 1700 neben den Hofhandwerkern unzünftige Schuhmacher, Sattler, Barbiere, Tischler, Buchbinder, Drechsler und vor allem Schneider angesiedelt. Kleinhändler wie Krämer, Hucker, Melber, Obstler, Kräutler und Käufler schlugen sich in Augsburg im 18. Jahrhundert mit dem Verkauf von Mehl, Feldfrüchten, Schmalz, Kleidern und Hausgeräten durch. Von ungefähr 21 400 Einwohnern waren in Würzburg um 1788 rund 1000 „Fremde" – allerdings wohlhabende Besucher –, circa 4000 Soldaten mit ihren Familienangehörigen, 482 Tagelöhner und Tagelöhnerinnen und etwa 2500 Dienstboten, weitere 1255 Personen bezogen städtische Almosen. 768 dieser Personen lebten nach wie vor im eigenen Haushalt, während 487 in Spitälern und Pflegen untergebracht waren. In Städten wie Köln oder Hamburg boten schließlich die Häfen diverse Einkommens- und Beschäftigungsmöglichkeiten als Träger und Packer.

Städtische Armenfürsorge

Die Stadt war schließlich auch der Ort organisierter obrigkeitlicher Fürsorge und Arbeitserzwingung. Hier wurden während der gesamten Frühen Neuzeit auch Waisenhäuser gegründet, um unversorgte Kinder aufzunehmen und zur Arbeit zu erziehen. Trotz der Abwehrmaßnahmen der städtischen Obrigkeit suchten Arme, Arbeitssuchende und Bettler den Weg in die Städte. Städtisches Großgewerbe, die Massenproduktion von Exportartikeln, wie beispielsweise bedruckte Baumwolle oder Tapeten, bot Arbeitsmöglichkeiten für die Arbeitssuchenden. So waren beim Kölner Manufakturbesitzer Johann Franz Schiefer beispielsweise um 1811 571 Arbeiter tätig, darunter 117 Weber und 172 Stuhlkinder. Die für einen etwas späteren Zeitraum, für 1836, gezählten 132 Manufakturen in der Stadt beschäftigten insgesamt 1706 Arbeiter und 1215 Kinder. In einer Stadt wie Berlin kam daneben noch einmal die große Zahl an Soldaten hinzu – nach manchen Schätzungen gegen Ende des 18. Jahrhunderts rund ein Fünftel der Bevölkerung – die mit ihren Familien als Tagelöhner zu den Unterschichten stießen. Zu den von der städtischen Armenfürsorge abhängigen Personen zählten in Köln gegen Ende des 18. Jahrhunderts überwiegend Wäscherinnen,

Tagelöhner, Handarbeiter und Handarbeiterinnen und Textilarbeiter und -arbeiterinnen. Zu den städtischen Unterschichten zählten auch die Mitglieder „unehrlicher" Gewerbe wie Scharfrichter oder Abdecker.

Wohnbezirke

Entsprechend ihrer Heterogenität konzentrierten sich die Unterschichten nicht ausschließlich in bestimmten Wohnbezirken. Zwar unterschieden sich die städtischen Bürger mit ihrem „Haus als Statussymbol" von den Behausungen der ärmeren Wohnquartiere [132: ROECK, Lebenswelt, 10–13], trotz der Konzentration der Armen in einigen Vierteln kam es jedoch kaum je zu einer völligen Segregation.

Policeygesetzgebung

Es ist daher auch noch nicht hinreichend geklärt, inwiefern sich die „Policeygesetzgebung" der städtischen Obrigkeiten zur Verteidigung der guten Ordnung, wo sie sich gegen den Betrieb von Schenken und den Aufenthalt von vermeintlich zwielichtigen Personen wandte, ihr eigenes Klischee schuf oder auf die Entwicklung zunehmend der städtischen Ordnung entzogener Gebiete innerhalb der Stadt reagierte.

Städtische Armut, Hausbesitz, Haushaltsgröße

Unter den Armen und Lohnabhängigen in Städten wie Karlsruhe oder Köln gab es im 16. wie im 18. Jahrhundert so gut wie keine Hausbesitzer. Unter den Haushalten der frühneuzeitlichen Stadt dominierten ohnehin die Zwei-Personen-Haushalte. Während jedoch unter den Haushalten der wohlhabenderen und „mittleren" Bürger jeder Dritte bis vierte Haushalt auch mehr als drei Personen umfasste, war das bei den Unterschichten nicht der Fall. Alter und Krankheit führten die verschiedenen Gruppen der Unterschichten in die Abhängigkeit von der Armenfürsorge. Erst unter der Perspektive der Obrigkeit verschmolzen die Insassen der Armen- und Arbeitshäuser zu einer Gruppe.

Lebenszyklische Armut

2.1.2 Das Land

Insbesondere wo im Interesse gerade der ärmeren stadtbürgerlichen Handwerker städtische Herrschaft und die wirtschaftlichen Interessen der Landbewohner als Untertanen einer Stadt aufeinanderprallten, wird die fundamentale Bedeutung der Unterscheidung von Stadt und Land deutlich, wie beispielsweise bei der Durchsetzung des städtischen Handwerkerzwangs gegen ländliche Untertanen. Die Hofbauern unter den ländlichen Untertanen herrschten jedoch ihrerseits über ihre ärmeren Nachbarn. Die Abgrenzung dieser bäuerlichen Hofbesitzer gegenüber den unterbäuerlichen Schichten spiegelte sich in Rechtssatzungen als Reflex der sozialen Strukturen. Dorfordnungen grenzten im 17. und 18. Jahrhundert die Rechte der Hofbauern von denen der anderen Dorfbewohner ab. Der Anteil der Landarmen, Mieter, Tagelöhner, Landhandwerker und Wanderarbeiter belief sich je nach Zeit und Ort zwischen 20% und 80%, wobei in der Regel von einer Zunahme im Verlauf

Bauern und Unterschichten

Umfang der unterbäuerlichen Schicht

der beiden Bevölkerungsexpansionen im 16. und 18. Jahrhundert ausgegangen wird. Unstrittig ist, dass schon im Verlauf des 15. Jahrhunderts umfangreiche landarme Gruppierungen bestanden, diese Gruppen also nicht erst im Verlauf des 17. oder gar 18. Jahrhunderts entstanden. Je nach Region wird ihr Umfang zu Beginn der Neuzeit auf 30% bis 56% beziffert und die Bedeutung der Lohnarbeit auf dem Lande entsprechend hervorgehoben. Einzelne Forscher sprechen daher bereits für die Mitte des 16. Jahrhunderts von einer Polarisierung der ländlichen Gesellschaft in Bauern einerseits und Landarme und Landlose andererseits.

In der gewerblich besonders erschlossenen Lausitz und in Nordböhmen lebten in vielen Gemeinden bereits um die Mitte des 16. Jahrhunderts weitaus mehr Mieter, Leineweber und Tagelöhner als Bauern. Der Anteil bäuerlicher Anwesen unter den Gütern lag im Herzogtum Bayern zwischen 14% und höchstens 61% aller Anwesen. Neben den landarmen und landlosen Haushaltsvorständen ist das Gesinde zu nennen, dessen Anteil je nach agrarischer Ausrichtung stark schwanken konnte und in fünf Gerichten des östlichen Oberbayern zwischen 25% und 59,4% der ländlichen Bevölkerung ausmachte.

Heterogenität ländlicher Unterschichten

Die Heterogenität der ländlichen Unterschichten kann nicht genug betont werden. Landarme Haushaltsvorstände traten in den Gemeinden der Landgrafschaft Hessen-Kassel als vollberechtigte Gemeindebürger auf oder blieben wie die Kätner im Hamburger Marschgebiet von den dörflichen Ämtern ausgeschlossen. Neben auf die Landwirtschaft zugeschnittenem oder unzünftigem Handwerk kamen Wanderarbeit, Verlags- oder Manufakturarbeit zum Lebensunterhalt in Frage. Den Haushaltsvorständen gliederten sich die verschiedenen Gruppen des unter der Hausherrschaft des Bauern – bei gutsherrschaftlichen Strukturen jedoch auch unter der Herrschaft des Gutsherren – stehenden Gesindes an, je nach Agrarverfassung auch verheiratetes Gesinde, Gutstagelöhner und Heuerlinge.

In fließendem Übergang zum Gesinde und zu den Landhandwerkern standen die landwirtschaftlichen Tagelöhner und am Ende der sozialen Hierarchie Bettler und Almosenempfänger. Daneben traten regional spezifische Beschäftigungsprofile. In Gegenden wie dem Schwarzwald gab es Beschäftigtengruppen wie Holz- und Floßknechte, Köhler, Harzer, Pechsieder, Schnitzer, Kübler und Küfer, um nur einige ganz wenige zu nennen. In Gebieten der ländlichen Vergewerblichung oder nahe liegender Manufakturen lebten überdies Manufakturarbeiter und Heimarbeiter auf dem Lande. Die Häuser der Lausitzer Bandweber unterschieden sich im 18. Jahrhundert charakteristisch von den benachbarten Bauernhäusern. Die Häuslergebäude der Weber verfügten über

Regionale Beschäftigungsprofile

keinen Hof und keine separaten Wirtschaftsgebäude. Sie teilten sich häufig in eine Giebelzone mit Wohnstube, einen Flurteil mit Flur und Küche, einen Stallteil und einen Scheunenteil und umfassten zwischen zehn und sechzehn Meter Länge und fünf bis acht Metern Breite.

Ausschluss von bäuerlichen Heiratskreisen

Bei aller Heterogenität lassen sich diese Gruppen nicht zuletzt aufgrund der Abgrenzung zu den eigentlichen Bauern zusammenfassen. Aufgrund der geringfügigen oder fehlenden Ausstattung mit Land stand dieser Gruppe die wichtigste Form der Altersfürsorge auf dem Lande, nämlich durch die Zuweisung einer kleinen Parzelle durch die den Hof übernehmenden Erben, nicht zur Verfügung. Sofern hierzu überhaupt schon Aussagen gemacht werden können, nahm die ohnehin geringe Chance eines Aufstiegs in die bäuerliche Gruppe im Verlauf des 18. Jahrhunderts aufgrund der Zunahme ländlicher Unterschichten noch weiter ab. Die Abhängigkeit von den Bauern gestaltete sich je nach der Ausstattung der Unterschichten mit Land- oder Hausbesitz ebenfalls unterschiedlich. Landarme Straßenkötter und Besitzer eigener Katen waren im Vergleich zu Mietern besonders häufig an Konflikten mit Bauern beteiligt, die sich nur vor Gericht schlichten ließen, weil die Bauern nicht denselben informellen Druck wie gegenüber Mietern ausüben konnten. Haus- und Landbesitz schlug unmittelbar in die Bewertung von Handlungsspielräumen um.

Formen der Abhängigkeit von den Bauern

2.2 Lebensphasen

In der Forschung besteht sowohl über die Konstituierung der Kindheit als einer eigenen Lebensphase durch die Aufklärung als auch über die stände- und schichtspezifische Sozialisation von Kindern weitgehend Einigkeit. Bis ungefähr zum 14. Lebensjahr konnten sich die Lebensläufe für die meisten Kinder freilich in vieler Hinsicht gleichen. Die Sozialisation fand für die Kinder der Unterschichten nicht zuletzt durch die Teilhabe und Integration in die Arbeitsprozesse des elterlichen Haushaltes statt, die insbesondere im Textilgewerbe altersspezifische Arbeitsteilung kannte, so das Spulen in der Gewebeverarbeitung. Gleichwohl erreichten nur wenige die materielle Ausstattung zur Führung einer bürgerlichen bzw. vollbäuerlichen Existenz, eine Meisterstelle im Handwerk bzw. ein vollbäuerliches Anwesen. Mindererbenden Kindern auf dem Lande blieb ebenso wie vielen Gesellen im Handwerk der Einstieg in eine bürgerliche oder bäuerliche Nahrungsstelle aus einer Vielzahl von Gründen in der Regel verwehrt.

Abstieg in die Unterschicht

Illegitimität

Die Heirat setzte den Zugriff auf eine Nahrungsstelle voraus, welche den neu zu gründenden Haushalt finanzieren sollte. Auf dem

Lande und in der Stadt wachte die Kirche und die weltliche Obrigkeit über die Zulassung zur Ehe. Nach Zeiten massiver Bevölkerungsexpansion wurde vielen Ehesuchenden die Möglichkeit zur Ehe verwehrt – und damit eine wesentliche Voraussetzung zum Eintritt in eine bürgerliche bzw. bäuerliche Existenz – wenn die zukünftigen Eheleuten keine Nahrungsstelle besaßen. In Oberbayern zogen im 17. und 18. Jahrhundert Bauernsöhne, die keine Tochter aus einer anderen bäuerlichen Familie finden konnten, ein lebenslanges zölibatäres Dienstbotenleben der Heirat mit einer Frau aus der Gruppe der Tagelöhner vor. Die Geselligkeit der unverheirateten Angehörigen der Unterschichten wurde daher – freilich ebenso wie die anderer Unverheirateter – von Kirche, Obrigkeit und bürgerlichen wie bäuerlichen Honoratioren misstrauisch überwacht.

Verhärtung sozialer Abgrenzung

Da jedoch der Entschluss zur Ehe häufig einer Phase des Kennenlernens und der sexuellen Kontakte folgte, waren die Verweigerung des Ehekonsens auch mit unehelichen Geburten und der Stigmatisierung der ledigen Mütter verbunden. Die zunächst vor allem lebenszyklische Abgrenzung der verheirateten Bauern und Bürger gegenüber dem unverheirateten Gesinde nahm beispielsweise in Hohenlohe in diesem Zusammenhang zwischen 1550 und 1679 einen institutionellen Zug an. Die verheirateten Bürger, Bauern und Angehörige der sesshaften Unterschichten kooperierten eng mit Kirche und Obrigkeit, um durch die Umsetzung der Ziele der reformatorischen Ehegerichte unerwünschte Heiraten nach Möglichkeit zu unterbinden. Die Gerichtshöfe ihrerseits unterstützten das Gewicht des elterlichen Ehekonsenses. Zu Vermeidung illegitimer Schwangerschaften wurden Unverheiratete häufiger wegen Unzucht verklagt, um vor vorehelichen sexuellen Kontakten wenigstens abzuschrecken. Im Herzogtum Bayern wurde Dienstboten die Heirat 1553 allgemein verboten. Aber auch außerhalb des katholischen Bayerns, beispielsweise im lutherischen Kursachsen, nahmen sich Kirche und Obrigkeit der Bekämpfung der Illegitmität an. Der Zeitpunkt der Heirat wurde hinausgeschoben, das Heiratsalter stieg, die Zahl der Angehörigen der Unterschichten qua Unverheiratetenstatus nahm zu.

Altersspezifische Geselligkeit

Die durch diese Kontrolle entstandenen Quellen geben zugleich Hinweise auf die sozialen und emotionalen Kontakte in der Adoleszens. Diese Kontakte kamen im Wesentlichen im Zusammenhang mit den ländlichen und städtischen Festzyklen wie Wallfahrten, Kirchweih, aber auch dem geselligen Beisammensein jenseits der Arbeitszeit zustande. Daneben gab es regional spezifische Bräuche. Im Verlauf der zwischengeschlechtlichen Kontakte konnte es zu mündlichen Eheversprechen kommen, die aufgrund der oben ausgeführten Bedingungen nicht immer realisiert wurden.

Illegitimität und soziale Stigmatisierung

Mutter und Kind wurden im Fall der illegitimen Schwangerschaft mit schweren Bußen bestraft und zugleich nachhaltig ausgegrenzt. In den Zucht- und Arbeitshäusern von Nassau waren gegen Ende des 18. Jahrhunderts fast die Hälfte der Insassen Frauen und ihre Kinder. Waisen aus illegitimen Verbindungen wurden z. T. noch nicht einmal von den Waisenhäusern aufgenommen. In den Arbeits- und Zuchthäusern fanden sich neben Dieben, Meineidigen, Mördern und Landstreichern auch Personen, die wegen Verdachts auf „Kindsmord“, aber auch wegen „liederlichen Lebenswandels“ eingeliefert worden waren. Die aufgrund unsicherer Einkommenslagen prekäre Chance zur Gründung eines eigenen Hausstandes schlug in die explizite Stigmatisierung derjenigen Personen als entehrt um, die für illegitime Schwangerschaften bestraft wurden. Schon die Einweisung in ein Arbeitshaus führte zum Ehrverlust. Haushaltsvorstände konnten die Aufnahme ungehorsamen Gesindes oder ungehorsamer Lehrlinge in ein Arbeitshaus beantragen.

Illegitimität und Kindsmord

Die Strafen bei illegitimer Schwangerschaft waren so nachhaltig, dass betroffene Mütter sogar den Ausweg im Kindsmord suchten, der in der Regel mit dem Tode bestraft wurde. Das Alter verurteilter Kindsmörderinnen lag überwiegend zwischen 20 und 34 Jahren, also genau in jener verlängerten Adoleszensphase, die durch die Verschiebung der Heirat entstand und in ein lebenslanges Zölibat einmünden mochte. In der Regel standen Kindsmordfälle in unmittelbarem Zusammenhang mit gescheiterten Eheplänen.

Waisenhaus und Lebenschancen

Ausgesetzte Kinder wurden häufig in Waisenhäuser verbracht. Von 220 Kindern des Hildesheimer Waisenhauses gelang es nur der Hälfte, in eine Lehre oder den Gesindedienst zu gehen, also Anschluss an die anerkannten Lebenswege der ständischen Gesellschaft zu finden. Fast jedes zehnte Kind wurde von Verwandten aufgenommen, jedes fünfte Kind starb bereits im Waisenhaus. Damit lag die Sterblichkeit im Waisenhaus deutlich über der ohnehin hohen Sterblichkeit der Altersgruppe der Fünf- bis Fünfzehnjährigen in vergleichbaren Gebieten (ca. 8,6 bis 13,1%). Bei einem Fünftel der Kinder ist das weitere Schicksal unbekannt. Das Bettlerproblem der Frühen Neuzeit war nicht zuletzt ein Problem bettelnder Kinder, die wiederum verhaftet wurden. Aus der zunächst ehrbaren Unterschichtenexistenz konnte durch gescheiterte Heirat, Illegitimität, den damit verknüpften Straftaten und der Stigmatisierung durch Waisenhäuser besonders leicht eine entehrte Randgruppenexistenz werden.

Stellen im Handwerk

Selbst wenn die Aufnahme einer Lehre im ehrbaren Handwerk

geglückt war, führten viele Lehrstellen nur in die Sackgasse der Erwerbslosigkeit. Das galt beispielsweise für das Nürnberger Schuhlandhandwerk und überbesetzte Handwerke im Textil- und Bekleidungsgewerbe. Gilden und Zünfte verweigerten Waisen und noch häufiger Findelkindern und unehelichen Kindern im Rahmen ihrer Abschließungspolitik ohnehin die Aufnahme. Mit der Fixierung auf die Tagelöhnerei verblieben die Betroffenen dann endgültig in der Unterschicht.

Leben als Gesinde

Für diejenigen Kinder und Jugendlichen, die aufgrund ihrer Geburt nicht von vorneherein stigmatisiert waren, war die Jugend zugleich potenziell die Zeit von Lehrlings-, Gesellen- bzw. Gesindeleben. Das galt für die Kinder bürgerlicher Handwerker, dörflicher Vollbauern und von Tagelöhnern und Landarmen gleichermaßen. Allerdings nahm seit dem Ende des 17. Jahrhunderts der Anteil von Unterschichtenkindern im Gesinde vermutlich zu. In jedem Fall sind städtischer Gesindedienst, ländlicher Gesindedienst im agrarischen Betrieb und die Lehr- und Gesellenjahre zu unterscheiden. Gesinde- und Zunftordnungen, Lehr- und Gesindeverträge und der direkte persönliche Kontakt mit dem Dienstherren und der Dienstherrin regelten diese Lebensphase. Sie umfasste zugleich eine, wenn auch unterschiedlich ausgeprägte, regionale Mobilität.

Hierarchien im Gesinde

Gesinde besaß zum Teil den Status von „Fremden", mochte aber gleichwohl mit den Kindern der Hauseltern in einem Raum zusammenleben. Hierarchien auch unter dem Gesinde bestimmten Alltag und Entlohnung. Im Haushalt der Nürnberger Kaufmannsfamilie Balthasar war die „Beschließerin", selbst Tochter eines Nürnberger Handwerkers, die eigentliche Vertraute der Hausherrin und führte zugleich das Kommando über die anderen Mägde. Die ihr nachgeordnete Obermagd war dagegen vom Land in die Stadt gekommen. Schließlich lebte im Haushalt noch die „kleine Untermagd", die mit zehn Jahren als Findelkind aus dem Waisenhaus in den Haushalt der Kaufleute vermietet worden war.

Lehre als Lebensphase

Zwar bestanden auch für Mägde eine Reihe von Voraussetzungen für die Aufnahme des Dienstes, die Voraussetzungen zur Aufnahme einer Lehre waren jedoch weitaus formalisierter und wurden im Verlauf der Frühen Neuzeit aufgrund der zunehmenden Überbesetzung der Gewerbe erweitert. Während Meistersöhne dabei in mancher Hinsicht bevorzugt behandelt wurden, kamen beispielsweise die Kinder von einfachen Nürnberger Schuhmachern erst mit vierzehn Jahren zur Einschreibung und beendeten die Lehre wieder mit siebzehn Jahren. Für viele Lehrlinge blieb die Gesellenzeit jedoch eine Sackgasse.

Lehrlings- und Gesellenleben als marginale Existenzform

Viele Gesellen entwuchsen ihrer lebenszyklischen Altersgruppe und stießen zur Unterschicht. Entsprechend gestaltete sich im Verlauf des 18. Jahrhunderts in Bremen die Haltung dieser verheirateten und lohnabhängigen Gesellen gegenüber den Meistern kritischer – bis hin zum unverblümten Vorwurf der Übervorteilung. Dem entsprach die Abgrenzung gegenüber Lehrjungen und anderen Mitgliedern der Unterschichten. An diesen Bezügen wird besonders deutlich, wie sehr die Gruppendefinition „Unterschicht" zwar die wirtschaftlich und sozial prekäre Lebenssituation des Einzelnen trifft, aber keineswegs die Selbstsicht der Betroffenen spiegelt. Diese besondere Sicht wurde im Falle der Gesellen durch die Gesellenverbände bestärkt, in denen gemeinsame Interessen verfolgt und Neuhinzukommende sozialisiert wurden. Im Berlin des 18. Jahrhunderts leitete sich die Ehre der Gesellen ganz wesentlich aus ihrer Zugehörigkeit zu solchen Gesellschaften her, die sie von den anderen Handarbeitern abhob. Gerade für die Angehörigen der Unterschichten blieb die Zugehörigkeit zu einem solchen Verband oder auch einem städtischen Handwerk zugleich eine existenzielle Voraussetzung für die Bewältigung von Krisenzeiten. Das Leipziger Fleischerhandwerk hatte bereits nach der Mitte des 15. Jahrhunderts beschlossen, diejenigen Gesellen zu „erneren", die völlig verarmt und keine Meister geworden waren, „das her nicht dorffte betteln geen", weil das die Ehre der Zunft und der Gesellen nicht zuließ. In diesem Zusammenhang steht auch die Unterstützung der Gilden und Bruderschaften bei Beerdigungen für Hinterbliebene.

Armut und Alter

Wem es unter den Unterschichten weder gelungen war, eine bürgerliche oder bäuerliche Existenz zu gründen oder wenigstens die Mitgliedschaft bei einer helfenden Korporation zu erlangen, dem blieben bei Krankheit und im Alter nur mehr die Armenhäuser und Spitäler vor allem der Städte. Dort sammelten sich Alte, Kranke, Dirnen und Mütter illegitimer Kinder. Selbst wem es gelungen war, eine Nahrungsstelle zu sichern, konnte im Alter oder bei Krankheit in Abhängigkeit geraten. Unter den Augsburger Webern mussten drei von vier Webern 1563 durch Almosen unterstützt werden.

Lebenserwartung

Rund die Hälfte aller Verstorbenen in Trier im 18. Jahrhundert waren Kinder unter zehn Jahren. Die Sterblichkeit war vor allem während des ersten Monates nach der Geburt besonders hoch. Das Todesalter der Kinder aus Ober- und Unterschicht blieb im Verlauf des 18. Jahrhunderts fast gleich hoch. Nach der besonderen Risikophase der ersten zehn Lebensjahre lebte die Trierer Oberschicht jedoch noch bis zum sechzigsten Lebensjahr – die Frauen der Oberschicht etwas kürzer –, während in der Trierer Unterschicht das Lebensalter vom Ende des 17. bis zum Ende des 18. Jahrhunderts auf fünfzig Jahre abnahm.

2.3 *Geschlechterverhältnisse*

Geschlechts- und ständespezifische Differenzierung

Geschlechtsspezifische Differenzen spielten auf allen Ebenen der ständischen Gesellschaft eine zentrale Rolle, sie waren für Lebensführung und Lebenschancen womöglich noch bedeutender dort, wo keine rechtsständische Stellung die geschlechtsspezifische Position konterkarierte oder relativierte. An der unvergleichlich fundamentaleren Gefährdung von Frauen im Vergleich zu Männern in physischer wie sozialer Hinsicht bei Geburt und Illegitimität wird das unmittelbar deutlich. Die divergierenden geschlechtsspezifischen Formen der Teilhabe an der ständischen Gesellschaft lagen jedoch auch quer zu den ständischen Grenzen. Während der Geselle, selbst im Scheitern seines Aufstiegs zum Meister, gegenüber den anderen Unterschichten seine spezifische Ehre innerhalb der unterständischen Schichten kollektiv zu bewahren suchte, wurde die Frau als Ehefrau und Witwe eines Bürgers nicht Mitglied der politischen Stadtgemeinde, obwohl sie über den Mann am Stadtrecht bzw. der Zunft oder Bruderschaft partizipiert hatte.

Lebenserwartung

Frauen der Unterschichten besaßen während des 18. Jahrhunderts eine geringere Lebenserwartung als ihre Männer, die Kindbettsterblichkeit lag in Trier vor 1800 bei Frauen der Oberschicht nur unwesentlich unter der für Frauen der Unterschicht bei 2,9 bzw. 3,0%, das durchschnittliche Alter der im Kindbett verstorbenen Frauen differierte mit 36 bzw. 33 Jahren ebenfalls kaum.

Geschlechtsspezifische Sozialisation

Während Eltern aus der Unterschicht und dem Handwerk wie auch Waisenhäuser versuchten, die Jungen in eine Lehre zu vermitteln, wurden die Mädchen als Gesinde in andere Haushalte gegeben. Damit begann ein weiteres bedeutendes Kapitel geschlechtsspezifischer Sozialisation – für die Lehrlinge und Gesellen in häufig institutionalisierter Form, für die Mädchen als Dienstmädchen und Mägde im Alter von z. T. kaum mehr als 10 Jahren. Allerdings war der Anteil des Gesindes in den einzelnen Altersgruppen bei den Gruppen zwischen 15 und 29 Jahren mit 20% bis rund 50%, je nach Ort, am größten. Womöglich im Gegensatz zu den Jungen war die Aufnahme des Gesindedienstes, der nicht wie Lehre und Gesellenzeit in eine bürgerliche Existenz führen konnte, bei den Mägden stark von äußeren sozialen Zwängen abhängig. Nur 28% der Haller Mägde, deren Eltern aus der Unterschicht stammten, hatten den Dienst aufgenommen, weil ihre Eltern oder ein Elternteil verstorben waren. Unter den Töchtern wohlhabenderer bürgerlicher Eltern war das aber zu 40% bis 60% der Fall.

Geschlechtsspezifische Arbeitsformen

Auch in der Heimarbeit von Kindern äußerten sich geschlechtsspezifische Unterschiede. Über die Kinder von Lausitzer Bandwebern erfahren wir, dass nach dem Tode des Vaters die Tochter bei der Mutter als Bandmacherin arbeitete, der Sohn aber das Bandmachen lernte und ein weiterer jüngerer Sohn die Schule besuchte. Lehre und Gesindezeit umfassten Lebenssituationen mit geschlechtsspezifischen Unterschieden je nachdem, ob beispielsweise die Dienstherren selbst Frauen waren oder der Dienstherr ein katholischer oder verwitweter evangelischer Geistlicher war.

Den männlichen Jugendlichen standen andere Formen der Geselligkeit zur Verfügung, die ganz unterschiedlich von der Gesellschaft gebilligt oder stigmatisiert wurden.

Besondere altersspezifische Gefährdungen für Frauen

Die Risiken vorehelicher Kontakte zwischen den Geschlechtern lagen einseitig bei den Frauen. Mägde waren gegenüber ihren Dienstherren darüber hinaus in einer besonders prekären Lage. Hinzu kam, dass Mägden mit Vorehelichkeitsdelikten die Suche nach einem Heiratspartner erheblich schwerer fiel, jedenfalls im Allgemeinen. Aus der unterbäuerlichen Schicht eines Dorfes im Umland von Hall 1642 geboren, verlor Barbara Steinbrennerin mit sechs Jahren beide Eltern und wuchs zunächst bei ihrem Bruder, dann bei Dienstherren in Hall auf. Von dem Sohn eines Dienstherren unehelich schwanger und mit ihm inhaftiert, wurden beide auf Antrag von Verwandten der Dienstherren jedoch frei- und zur Ehe zugelassen. Es blieb selbst für eine Ratsfamilie nicht grundsätzlich anstößig, eine solche Eheschließung zu unterstützen. Das unterstreicht den Tatbestand, dass Unterschichten sui generis keine Randgruppen waren, sondern zu den ehrbaren Gruppen der ständischen Gesellschaft zählten.

Partnerwahl und Ehe

Ganz überwiegend blieben die Unterschichten auf dem Heiratsmarkt jedoch unter sich. Ob unter diesen weithin mittellosen Personengruppen bei der Wahl eines Partners Emotion und Anziehungskraft eine andere Bedeutung hatten als in Bürgertum und Adel, ist kaum zu beantworten.

Geschlechtsspezifische Formen der Selbständigkeit

Frauen betrieben, wenngleich in häufig rechtlich verminderter Position, selbständige Berufe. Grundsätzlich als Steuer zahlend und erwerbstätig wurden in Kiel 1803 zwischen zwei Drittel und drei Viertel der Männer im Alter von 16 bis 70 Jahren gezählt, während bei den Frauen nur in der Altersgruppe von 16 bis 25 mit 58% bis 62% vergleichbar hohe Werte vorliegen. Bei den Altersgruppen zwischen 26 und 35 Jahren lag die Erwerbsquote bei 28% und 33%, bei den älteren Frauen sogar nur bei 17% bis 27%. Dabei spielte für unverheiratete Frauen die Beschäftigung als Magd und der kleine Warenhandel eine besondere Rolle. Zu Beginn des 16. Jahrhunderts konnte eine gewerbliche Beschäftigung wie das Kerzenmachen hinzukommen.

Geschlechtsspezifische abhängige Beschäftigung

Frauen im Handwerk

Aus dem Handwerk wurden Frauen jedoch im Verlauf der Frühen Neuzeit zunehmend verdrängt. In Stadt und Hausvogtei Oldenburg waren 1744 23% der Haushaltsvorstände Frauen, von denen allerdings wiederum nur 17,5% auch erwerbstätig waren. Auf dem Lande um Oldenburg lag der Anteil der weiblichen Haushaltsvorstände bei nur 15,5%, von denen allerdings rund die Hälfte erwerbstätig war. Die Tätigkeiten in der Stadt umfassten gewerbliche Arbeit mit Textilien und Leder sowie den Kleinhandel. In Augsburg waren von 2830 Personen, die im Jahre 1601 die Webgerechtigkeit besaßen, 420 Frauen. Daneben blieb für verheiratete wie unverheiratete Frauen die Arbeit im Tagelohn und in den entstehenden Manufakturen.

Die Tätigkeit der Hebammen wurde im Verlauf des 17. und 18. Jahrhunderts zunehmend obrigkeitlich reglementiert. Diese Tätigkeit stand nicht zuletzt in direktem Verhältnis zu einem der zentralen Wendepunkte weiblicher Lebenswege in die permanente Randgruppenexistenz, die uneheliche Schwangerschaft. Hebammen zählten insbesondere zu den Zeugen, die vor die Gerichte geladen wurden, nachdem sie die betroffenen Frauen auf ihre Schwangerschaft oder eine vermutete Abtreibung hin untersucht hatten. Besonders bei Prozessen wegen Kindsmord wurden sie herangezogen. In dieser Funktion schworen Hebammen Eide. In Lippe trugen die Hebammen das Kind zur Taufe und bezeugten seine Identität. Hebammen waren die Schnittstelle zwischen den akzeptierten selbständigen Tätigkeiten von Frauen auch aus der Unterschicht und der obrigkeitlichen und kirchlichen Kontrolle von Sexualität und Ehe, aus dessen Aktenproduktion in speziellem Maße Quellen zum Gegenstand stammen.

Geschlechtsspezifische Straffälligkeit

Da der Heirat häufig sexuelle Kontakte vorhergingen, war gerade mit diesem Einstieg in eine andere Lebensphase das besondere Risiko der unehelichen Schwangerschaft verbunden, welches eine spätere Ehe mit dem Vater oder einem anderen Mann nicht ausschloss, aber erheblich erschwerte. Auf der ausgeschlossenen Seite der Gesellschaft fanden sich dann, ebenso wie bei den Männern, alle Varianten der Randgruppen, von der beim einmaligen Diebstahl gefassten Magd bis hin zur professionellen Diebin. Allerdings lag unter allen Geburten des Kirchspiels Heiden in Lippe der Anteil der unehelichen Geburten zwischen 1650 und 1800 nur bei zwischen 2 bis 5%. Nur rund 10% der Angeklagten vor dem Gogericht Heiden waren Frauen. Ihr Anteil lag bei den Verfahren zu Ehr-, Sitten- und Eigentumsdelikten besonders hoch, während die männlichen Angeklagten vor allem für Gewaltdelikte und im Zusammenhang mit Dienstpflichtverletzungen – im Rahmen der Agrarverfassung – belangt wurden. Schlüsselt man die Angeklagten noch einmal nach ländlichen Schichten auf, zeigt sich zum einen, dass gerade die Vollbauern besonders häufig straffällig wurden, weil sie sich aufgrund ihres Besitzes und ihres Sozialprestiges den Konflikt mit der Obrigkeit leisten konnten. Die Ehefrauen und die Töchter der Bauern wurden jedoch nicht vergleichsweise häufig straffällig. Ganz anders bei den Frauen aus den ländlichen Unterschichten, den landarmen und landlosen Straßenköttern, den Einliegern und dem Gesinde. Der Anteil der weiblichen Angeklagten aus diesen Gruppen war – gemessen an der Zahl aller weiblichen Angeklagen – besonders hoch, höher sogar als der entsprechende Anteil der männlichen Angeklagten. Ganz im Gegensatz zu den Frauen und Töchtern der Vollbauern spielten die Frauen und Töchter der Unterschichten besonders in dorfinternen Auseinandersetzungen um die „Ehre" im Rahmen von Klagen gegen Beleidigungen und Beschimpfungen eine besondere Rolle. Unter diesen Konflikten ragten wiederum Auseinandersetzungen innerhalb der Haushalte, zwischen Dienstherren und Gesinde, besonders zwischen Mägden, Schwiegereltern und Schwiegertöchtern, besonders hervor.

Geschlechtsspezifische Sozialisation

Trotz aller ihrer Beschränkungen verweisen Gerichtsquellen auch auf Aspekte geschlechtsspezifischer Sozialisation. Unverehelichte schwangere Frauen, die nicht bereits ein uneheliches Kind besaßen, taten gut daran, sich selbst als Verführte und passive Opfer, den Mann als Verführer und aktiven Täter darzustellen, denn nur in diesem Falle ergaben sich überhaupt noch Möglichkeiten, mit der Gesellschaft ohne völligen und endgültigen Verlust von Ehre und damit Respektabilität wieder in Interaktion zu treten. Frauen wurden daher anders als ihre Partner nach ihrem sexuellem Vorleben und dem vermeintlichen Charakter der Beziehung, beispielsweise der Abgabe eines Eheversprechens, befragt. Insofern trugen die Gerichte vermittelt zur geschlechtsspezifischen Sozialisation bei.

Geschlechtsspezifische Ehre

Auch für verheiratete Frauen stellte die Gefährdung ihrer weiblichen Tugend, und sei es auch nur durch ein Gerücht, eine ernst zu nehmende soziale Gefährdung dar. Frauen wurden von den kirchengerichtlichen Instanzen jedoch nicht nur verfolgt. Sie nutzten auch die Gerichte zur Verfolgung eigener Interessen. Das Presbyterialgericht der niederhessischen Gemeinde Caldern wurde im 18. Jahrhundert von Ehefrauen genutzt, um ihre Ehemänner, die sie geschlagen hatten, zu disziplinieren. Frauen der Unterschichten waren insbesondere in der Phase von Adoleszenz, Gesindedienst und bis zur Heirat besonders gefährdet. Der Tod des Mannes konnte in die Verarmung führen. Rund die Hälfte der Kölner Hausarmen waren gegen Ende des 18. Jahrhunderts verwitwet oder von ihren Ehepartnern verlassen, darunter ganz überwiegend Frauen.

Geschlechtsspezifische Alphabetisierungsquoten

Frauen hatten auch an der Alphabetisierung des 18. Jahrhunderts, im Vergleich mit den Männern gleicher Konfession und Region, einen geringeren Anteil. Insbesondere in katholischen Gegenden lag die Signierfähigkeit von Ehefrauen bei der Hochzeit auch noch am Ende des 18. Jahrhunderts z. T. unter 20%, während sie in lutherischen Gegenden kaum unter 20% lag und gebietsweise sogar fast 80% erreichen konnte.

2.4 Erwerbsformen

Unzünftiger gewerblicher Erwerb oder Nebenerwerb und diesem Einkommen spezifische Formen von agrarisch-gewerblichen Mischeinkommen sowie Lohnformen, seien es Stück- oder Zeitlohn, kennzeichneten in ganz besonderer Weise das Auskommen der breiten Bevölkerung in der Stadt, aber auch auf dem Land. Der handwerkliche Erwerb außerhalb der zünftigen Strukturen und ihrer spezifischen Ehrbarkeit, insbesondere der Möglichkeit, bürgerlichen Rechtsstatus zu erringen, boten besonders die ländlichen und im Verlag betriebenen Textilgewerbe, die Manufakturen, Häfen und Forste und eine bunte Kette teilmobiler und mobiler gewerblicher Tätigkeiten, von den Wanderarbeitern und den Kleinhändlern bis zu Waldarbeitern, Flößern, Fuhrleuten und Seeleuten. In enger Verzahnung zu Landarmut und Tagelöhnerei – bzw. zu spezifischen Formen des Gesindewesens wie dem Institut des Heuerlings im östlichen Westfalen – entwickelte sich die heimgewerbliche ländliche Textilproduktion zu einem zentralen, Leben und Lebensweise der Unterschichten bestimmenden Faktor. In der Leinenverarbeitung bauten die Weber den Flachs zum Teil selbst an, z. T. erwarben sie ihn, z. T. bestanden innerhalb der Familie Formen alters- und geschlechtsspezifischer Arbeitsteilung – der Mann wob, Frau und Kinder spannen.

Heimgewerbe auf dem Lande

Anders die Lage in der Baumwollverarbeitung. Sie nutzte aus dem Ausland eingeführte Baumwolle, so dass heimgewerbliches und agrarisches Leben nicht wie in der Leinenverarbeitung ineinander greifen konnten. Überdies waren die Baumwollweber in der Regel im hohen Grade abhängig von den Kaufleuten, welche die Baumwolle einführten. Zwischen den Webern und den von ihnen beschäftigten Lohnspinnern herrschte innerhalb dieser Unterschichten noch einmal ein erheblicher sozialer Abstand. Die Zusammenfassung von Arbeitskräften in Kattundruckereien stellte den Schritt von dieser hausindustriellen zur großbetrieblichen Arbeitsorganisation dar. In der Verarbeitung von

Schafwolle zu Tuchen überwog bis in das 17. Jahrhundert das zünftige Handwerk, aber seit dem letzten Drittel des 17. Jahrhunderts entstanden auch in diesem Fertigungsbereich Manufakturen.

Die Erzeugung von Eisen aus Eisenerz in mit Holzkohle betriebenen Hochöfen verlagerte sich im Verlauf der Frühen Neuzeit in große, von regelrechten Unternehmern geführte Betriebsanlagen. Man geht heute davon aus, dass in ihnen auf einen gut qualifizierten Facharbeiter rund fünf Köhler, Erzschürfer und Transportarbeiter kamen. Im Bergbau arbeiteten neben selbständig Bergbau betreibenden Bergleuten auch Lohnarbeiter, die nach Stück- oder Zeitlohn bezahlt wurden. Bei der Weiterverarbeitung des Eisens zu Messern, Scheren, Hämmern oder Sensen spielten, je nach Kapitalintensität der Verarbeitung, ländliche Nebengewerbe eine Rolle.

Städtisches Handwerk

Die Trennung zwischen den Unterschichten im städtischen Gewerbe und dem bürgerlichen Handwerk blieb fließend. Unter den Augsburger Webern zählte zu Beginn des 17. Jahrhunderts rund die Hälfte zu den völlig Vermögenslosen. Ein weiteres Viertel der Weber zahlte nur geringe Steuer. Bereits 1552 baten in Not geratene Weber den Augsburger Rat, sie als Soldaten zu beschäftigen, und 1563 wurden rund drei Viertel aller Weber durch die städtische Almosenkasse unterstützt. Arme Webermeister waren sogar bereit, als Bauarbeiter ihr Leben zu fristen, um sich und ihre Familien zu ernähren. Von den rund 200 Zeugmachern, die in der Stadt Calw lebten, besaßen 1655 „in die 140“ keine eigenen „Unterschläuf“, also eigenen Hausbesitz. Viele Weber verfügten als Häusler über eigenen Grund und Boden und zählten in ihrer ländlichen Umwelt zu den Landarmen, die auf immer kleineren Parzellen, gesichert durch den Aufschwung gewerblicher Produktion, überleben konnten. Wenigstens ein Teil der Kinder arbeitete bereits mit fünf bis sechs Jahren an verschiedenen Arbeitsgängen der Bandweberei mit. Unter den ebenfalls in der Bandweberei tätigen Nachbarn herrschten in der Regel enge Kontakte, die in die gegenseitige Hilfeleistung bei Todes- und Krankheitsfällen und beim gegenseitigen Leihen von Materialien für die Produktion überleiteten. Die Unterschichten waren aber keineswegs durchgehend in der Region ihrer Beschäftigung verwurzelt.

Arbeit in der Manufaktur

Manufakturen beschäftigten auch ungelernte Arbeitskräfte. Ein Zentrum der Manufakturbildung war Berlin, wo bis 1782 wenigstens dreizehn Tuch- und Zeugmanufakturen entstanden waren, in denen über 10000 Lohnarbeiter tätig waren.

Agrarverfassung und gewerbliche Beschäftigungen

Aber auch in gutswirtschaftlich geprägten Gebieten kam es zu einer Verbindung der spezifischen Bedingungen der Agrarverfassung mit gewerblicher Güterproduktion auf dem Lande. Allerdings ging dieser Vergewerblichung hier die Polarisierung der ländlichen Gesellschaft in Bauern einerseits und landarme Häusler und landlose Hausleute andererseits zeitlich voran. Unter den Inhabern untertäniger Stellen nordböhmischer Güter waren im Verlauf des 17. Jahrhunderts nur mehr die Hälfte oder bis zu einem Drittel der Haushaltsvorstände auf dem Lande Bauern, der Rest aber Häusler und Hausleute. Auch Landsknechte und Soldaten schlugen sich als Heimarbeiter, Leineweber und Bettler in den Zeiten durch, in denen sie nicht kämpfen mussten. Zwar waren die Landsknechte z. T. zunftähnlich organisiert, konnten im Falle von Verletzung oder Nichtbeschäftigung jedoch leicht in den Bettel abgleiten. Vor allem nach längeren Kriegshandlungen, beispielsweise im Anschluss an den Dreißigjährigen Krieg, zogen ehemalige Soldaten dann bettelnd durch die Lande. In den Wäldern der Mittelgebirge ermöglichten schließlich die zahlreichen Tätigkeiten der Waldwirtschaft wie die Köhlerei und die mit der Waldwirtschaft verbundene Flößerei ein Auskommen. Neben die mobilen Kleinhändler traten schließlich noch besondere Erwerbszweige wie Fischerei, Walfang und Handelsschifferei. Spezifisch für die Erwerbsformen der Unterschichten waren schließlich auch die Lohnformen ihrer Beschäftigung, besonders neben dem Zeit- auch der Leistungs- bzw. Stücklohn.

Lohnformen

Bevölkerungsbewegung und Unterschichten

Bevölkerungsanstieg, zunehmendes Gewicht des ländlichen Heimgewerbes und der Landarmen auf dem Lande und schließlich eine wachsende Arbeiterpopulation der Manufakturen in Produktionszentren wie Berlin und Köln lassen leicht den Eindruck entstehen, dass seit der zweiten Hälfte des 18. Jahrhunderts Umfang und Anteil der Unterschichten an der Bevölkerung des Reiches sprunghaft angestiegen sei. Aber gegen Ende des 18. Jahrhunderts wurden kaum 2% der Bevölkerung Altbayerns, weniger als 6% der Bevölkerung Münchens, als „Arme" unterstützt. Angesichts des verstreuten und ausgesprochen heterogenen Quellenmaterials ist es für generalisierende Aussagen jedoch nicht nur zu früh. Die z. T. überhaus hohen Anteile der Unterschichten in Städten wie Würzburg oder auf dem Lande in Sachsen im Verlauf des 16. Jahrhunderts lassen Annahmen über langfristige Trends der Zunahme nach wie vor problematisch erscheinen. Die Vorstellung, es habe zu Beginn der Frühen Neuzeit keine oder kaum Unterschichten in Stadt und Land gegeben, oder die sozialen Unterschiede und Interessendivergenzen zwischen Hofbauern und städtischen Honoratioren einerseits und ländlichen und städtischen Unterschichten andererseits seien marginal gewesen, ist jedenfalls ebenso unhaltbar, wie aus diesem Befund auf ein besonderes Schicht- oder gar Klassenbewußtsein der Unterschichten zu schließen ist.

2.5 *Unehrliche Gruppierungen und Randgruppen*

Obwohl die prekäre soziale Lage der Unterschichten sie für einen Abstieg in eine unehrliche Randgruppe besonders prädestinierte, waren doch die Beschäftigung auch im unzünftigen Handwerk als Tagelöhner, Manufakturarbeiter oder sogar die Abhängigkeit durch Armenfürsorge nicht sui generis „unehrlich". Jenseits der mit politischen Partizipations- und Herrschaftsrechten ausgestatteten Stände war auch die breite Bevölkerungsmehrheit der unterständischen Schichten, auch der Unterschichten, „ehrlich" und konnte beanspruchen, von der ständischen Gesellschaft in diesem Sinne respektiert zu werden.

Unehrliche Beschäftigungen

Demgegenüber lebten in Stadt und Land Berufsgruppen wie Scharfrichter oder Abdecker, die aufgrund ihrer Tätigkeit sozial und wirtschaftlich gut situiert sein mochten, aber gleichwohl nicht an der sozialen Akzeptanz partizipierten, die mit dem Anspruch auf „Ehre" verbunden war. In Augsburg waren beispielsweise die Scharfrichter, Abdecker, Schäfer und Chirurgen „unehrlich". Insbesondere die zünftigen Handwerke waren an einer Verteidigung der durch „Ehre" und „Unehre" gezeichneten Grenze zwischen ihnen und anderen Gewerben interessiert. Vor allem der Kern des zünftigen Handwerks, zünftige Meister und Gesellen, wehrten sich mit allen Mitteln gegen Pläne der städtischen Magistrate, diese Grenze aufzuweichen und Mitglieder unehrlicher Familien zur Lehre im zünftigen Handwerk aufzunehmen. Auch Anklagen wegen diverser Delikte, selbst wenn sie sich als haltlos erwiesen, führten zu dem Versuch der Zünfte, Ehrlosigkeit zu instrumentalisieren, um den Zugang zu den ohnehin knappen Nahrungsstellen im zünftigen Gewerbe weiter zu reglementieren. In Augsburg fürchteten im 16. und 17. Jahrhundert die Bürger, im Hause eines Abdeckers Getränke entgegenzunehmen. Abdecker wurden von Gesellen mit Steinen beworfen.

„Unehrlichkeit" traf jedoch auch die delinquent Gewordenen, Vagierende ohne Haus, Bettler und die unehelich Geborenen. Die Gefährdung für die Unterschicht, „unehrlich" zu werden, war daher besonders groß. Gewerbe, welche eine „herumtreibende Lebensart" mit sich führen, wie Hausierer und Schausteller, wurden am Rande der Unehrlichkeit betrieben. Schaustellerei und Schauspielerei waren häufig Ersatzbeschäftigungen und zählten ebenfalls in der Regel zu den „unehrlichen" Tätigkeiten. Unter den Schaustellern waren Bettler, Ungelernte und Handwerker ohne Stelle. Die Grenze zwischen Schaustellern und bloß „Vagierenden" und als solchen Aufgegriffenen war mithin fließend.

Nichtsesshafte Gewerbe

Vagierende Gruppen

Bei den in bayerischen Landgemeinden des 18. Jahrhunderts aufgegriffenen Vaganten handelte sich überwiegend um ehemalige Soldaten, Abdecker, Spielleute, Schauspieler, aber auch um Handwerker, die keine Beschäftigung mehr gefunden hatten. Über die Hälfte der Aufgegriffenen waren Frauen. Unter den Schmugglern in Niederösterreich, Böhmen, der Lombardei und Venetien waren um die Mitte des 19. Jahrhunderts überwiegend männliche Haushaltsvorstände im Alter von 30 bis 40 Jahren. Schon aus diesen Hinweisen über die Herkunft der Vagierenden wird deutlich, dass Erwerbslosigkeit zu Armut, Verlust der gemieteten Wohnung, zum Ende der sesshaften Existenz und damit in die „Unehrlichkeit" führte, wenn kein Anspruch auf korporative Unterstützung bestand.

„Unehrlichkeit" und Delinquenz

Ein wesentlicher Grund für die „Unehrlichkeit" dieser vagierenden Gruppen war der Verdacht von Obrigkeit und sesshaften unterständischen Schichten – auch der sesshaften Unterschichten –, solche Gruppen befänden sich im Kontakt mit organisierten Räuberbanden, für die sie Informationen sammelten oder Raubgut weiterverkauften. In der Tat rekrutierten sich Räuberbanden aus sesshaften Unterschichten und vagierenden Gruppen. Von 649 gefassten Straftätern in Mordbrennerprozessen des 16. Jahrhunderts waren über ein Drittel ehemalige Landsknechte, 15% Handwerker, 11% Vagierende, 10% Bettler, daneben Tagelöhner, Krämer usf. Die Zeichensysteme der vagierenden Gruppen spiegelten für die sesshafte Gesellschaft den weitgehenden Verzicht dieser Gruppierungen auf den Versuch, ein Leben in Ehrbarkeit und Respektabilität zu führen. Sie mussten daher kontrolliert werden. Städtische oder dörfliche Angehörige der Unterschicht, denen zur Bestreitung ihres Lebensunterhaltes ein Amt wie das des Feldhüters gegeben worden war, nahmen an Kontrolle und Bestrafung zur Verteidigung der Ehrbaren aktiven Anteil.

3. Teilhabe der unterständischen Schichten an der Kultur der ständischen Gesellschaft

Unterständische Schichten als Gesamtgruppe

Bereits der Blick auf die Lebensweise der Unterschichten zeigt, dass die meisten Personen zu jedem einzelnen Zeitpunkt ihres Lebens dem zeitgenössischen Verständnis nach einer bestimmten sozialen Position zugeordnet werden konnten, dass die Summe solcher Zuordnungen die Vielzahl der unterständischen Schichten jedoch nicht zu einer einzigen

Schicht oder Klasse im modernen Sinne konstituierte. Zu unterschiedlich waren Erwerbsformen und Lebenssituationen wie Armut im Alter, Krankheit, Verlust der Bleibe, Erwerbslosigkeit, Verlust der Ehre usf. Freilich bestand zwischen den verschiedenen Erwerbsformen und Lebenssituationen, die wir als Merkmale eines Lebens in den verschiedenen unterständischen Schichten verstehen, eine besonders hohe Durchlässigkeit.

Unterschicht und ständische Kultur

Die Existenz einer lebenszyklisch und im Medium sozialer Mobilität tatsächlich bestehenden Personengruppe ohne Zugriff auf Herrschaftsämter in der ständischen Gesellschaft darf jedoch in keinem Falle mit dem Bestand einer dieser Gruppe eigenen, der Kultur von Kirche und ständischer Gesellschaft etwa entgegengesetzten, Kultur verwechselt werden. Nur ein Teil der Armen wurde auch zu Bettlern, nur ein verschwindend geringer Teil zu Räubern. Die Illegitimitätsquoten blieben in der Regel weit unter 10% aller Erstgeborenen. Der weitaus überwiegende Teil der Unterschichten partizipierte als Arme, aber ehrbare Nachbarn an der in erster Linie religiösen und durch die Kirchen bestimmten Kultur ihrer ständischen Umgebung. Selbst die Organisationsformen der Räuber und deren Selbstdarstellung spiegelte von Fall zu Fall noch die ständische Gesellschaft und ihre – seit der Reformation – konfessionell geprägte Religiosität.

Rezeption gelehrten Wissens

Dabei versteht es sich, dass Rezeption und Verständnis der theologischen Positionen im Wandel von Reformation, Konfessionalisierung und Aufklärung in der Regel nicht der Differenziertheit entsprach, die sich Kirche und Geistlichkeit gewünscht hätten – abgesehen davon, dass viele Geistliche bis weit in das 17. Jahrhundert hinein nur bedingt den Anforderungen an Verhalten und Kenntnissen entsprachen, die Kirchenleitungen und Visitatoren erwarteten. Insofern bestand in Stadt und Land eine eigene religiöse Kultur derjenigen Laien, deren schulische und universitäre Vorkenntnisse – bzw. deren Mangel – und deren Lesefähigkeit und Geselligkeitsformen sich vom Kreis der Gelehrten im engeren Sinne des Wortes unterschieden. Selbst wenn in diesem Sinne eine Kultur der Gelehrten gegenüber einer Kultur der Nicht-Gelehrten unterschieden werden kann, nahmen die Unterschichten zusammen mit Bauern, Bürgern und Handwerkern in der vielfältigen Weise, die ihre eigene vielfältige Untergliederung z. T. spiegelte, sie z. T. auch konterkarierte, an der Kultur der ständischen Gesellschaft teil. Im Ergebnis unterschied sich diese Partizipation vielfältig von derjenigen städtischer Patrizier, ja selbst von der der Hofbauern des eigenen Dorfes, ohne einen Gegenpol zu bilden. Vielmehr vermittelten Predigt, Andacht, Kirchenzucht, Bilder und Geselligkeit im Verlauf des Kirchenjahres ein Verständnis vom rechten Leben, dass auch den ganz überwiegenden Teil der Unterschichten prägte.

Prägung des Volkes durch Kirche und Obrigkeit

Sichtbar wurde diese Prägung freilich meist erst, als im Verlauf der aufgeklärten Reformen Unterschichten sich am Widerstand gegen Neuerungen beteiligten. Nun entstand die Rede von der „Volkskultur", nicht zuletzt, um die dem aufgeklärten Publikum inzwischen fremd gewordenen älteren Formen der Religiösität zu kennzeichnen. Auch jetzt entstand jedoch keine Gegenkultur. Die Unterschichten partizipierten nämlich auch an den neuen Formen der Frömmigkeit. Angehörige der Unterschichten lasen beispielsweise pietistische Erbauungsliteratur.

3.1 Reformation und Konfessionalisierung

Frömmigkeit am Vorabend der Reformation

Die Bruderschaften der Gesellen verbanden im 15. Jahrhundert die Sorge um die Krankenversorgung und Begräbnisse für ihre Mitglieder und die Fürbitte in der Kirche. In den Spitälern erfuhren die Insassen durch besondere Speisen und Getränke bzw. Fleischverzicht die Fast-, Fest- und Feiertage des Kirchenjahres. Für das Kinderhaus in Münster sind anhand der jeweils geänderten Speisefolgen in den Jahren 1539 bis 1541 zwischen 41 und 43 Feste mit insgesamt 65 oder 66 besonderen Tagen nachgewiesen worden, welche die Insassen durch die gesonderte Speisenfolge erfuhren. In diesem durch das Kirchenjahr bestimmten Rahmen konsumierten Pfründner, Gesinde und Tagelöhner durchschnittlich zwei bis drei Liter Bier pro Kopf und Tag. Zu festlichen Anlässen, beispielsweise zu Maria Magdalena, Mariae Himmelfahrt, Kirchweih, St. Michael, St. Martin, Weihnachten, Neujahr, Heilige Drei Könige, Fastnacht, Ostern, Pfingsten und am Montag nach dem Sonntag Trinitatis kauften die Insassen darüber hinaus auch noch teuerere einheimische Biere. Die meisten Einwohner in Stadt und Land partizipierten am Brauchtum der religiösen Feste als auch der Feste im Lebenszyklus wie Taufen, Heiraten und Beerdigungen.

Normierung durch Kirche und Obrigkeit

Diese Teilhabe an der ständischen Kultur im Rahmen des Kirchenjahres unterlag immer auch der Normierung von Kirche und Obrigkeit. Der Konsum von Bier und das gesellige Zusammensein fanden jedoch auch außerhalb einer durch das Kirchenjahr normierten Ordnung statt. Obgleich städtische Obrigkeiten seit dem 13. Jahrhundert daran gingen, jede Form sozialer Aktivität während der Nacht durch Ordnungen zu regulieren, boten die meisten Städte ihren Einwohnern und Besuchern Schenken und Wirtshäuser. Die seit dem 14. Jahrhundert nachweisbaren innerstädtischen Schlagbäume, die das vermeintlich unkontrollierte und gefährliche nächtliche Treiben einschränken sollten, weisen darauf hin, dass zwischen diesen städtischen Lebensformen und den Normen der spätmittelalterlichen Gesellschaft bereits zu diesem Zeitpunkt ein beträchtliches Spannungsverhältnis herrschte. Angehörige der Unterschichten, die sich wie beispielsweise Gesinde unter der Herrschaft eines Hausvaters befanden, wurde jedoch z. T. die Präsenz im Hause während der Nacht befohlen. In Lüneburg wurde die Be- und Entladung von Schiffen während der Nacht verboten.

Delinquenz

Unter den Wohnorten der in Köln wohnhaften und vor dem Kölner Rat wegen diverser Vergehen in der zweiten Hälfte des 16. Jahrhunderts Beklagten stachen die ärmeren Außenviertel gegenüber den wohlhabenderen Stadtvierteln im Zentrum Kölns hervor. Wie zu erwarten, kam es insbesondere in den Wirtshäusern unter „drunckenschafft" zur „hitzigen bewegnis" und sogar zu Schlägereien oder Messerstechereien. Fast vier von fünf Verhafteten zählten zu den Unterschichten, seien es Tagelöhner, Gesinde, Soldaten, Arbeiter oder Vaganten. Allerdings entsprach dieser Anteil zum einen ihrem Anteil in der Bevölkerung, zum anderen waren gerade bei Totschlagsdelikten die Handwerker besonders häufig involviert, während Vaganten, Dienstboten und Tagelöhner – gemessen an ihrem Anteil an der Bevölkerung – besonders selten als Beteiligte an Totschlagsdelikten vorkamen. Städtische Räte und landesherrliche Obrigkeit besaßen gegenüber den Unterschichten aufgrund deren in der Regel prekären wirtschaftlichen Lage ein besonders wachsames Auge, vor allem im Rahmen der Armenversorgung. Es ist jedoch bezeichnend, dass die eigentliche Herausforderung der Obrigkeit durch Schmähungen und Gewaltanwendung, die gerichtlich geahndet werden musste, gerade nicht von ihnen, sondern von Angehörigen der etablierten oder sich etabliert wähnenden städtischen und ländlichen Gesellschaft ausging.

Teilhabe und Regulierung

Die durch Reformation und tridentinische Gegenreformation betriebene Konfessionalisierung der Glaubensformen nahm einerseits in umfassenderer Form als lange vermutet spätmittelalterliche Entwicklungsstränge obrigkeitlicher Regulierung auf, z. B. bei der Armenfürsorge. Andererseits veränderte die Reformation tief greifend gerade auch die alltäglichen Riten der Kirche, mit denen die Unterschichten in Berührung gekommen waren. Konfessionell unterschiedliche Formen der Teilhabemöglichkeit entstanden. Susan Karant-Nunn kennzeichnet die reformatorische Entfernung von Bildern und Ritualgegenständen als „Unterdrückung der religiösen Emotionen" [376: Karant-Nunn, Gedanken]. Der religiöse Alltag verlief freilich nicht sofort in neuen, konfessionell bestimmten Frömmigkeitsformen. Evangelische Pfarrer stellten zunächst durchaus auf eigene Faust, häufig aus der Lektüre von

Luthers „Deutscher Messe“ (1526), neue Liturgien zusammen. Ein Pfarrer in Hessen sprach die Abendmahlsworte jedoch „mit gekehrtem Angesicht gegen das Volck“ und damit in klarer Absage an Luthers ausdrückliche Anweisung.

Abweichungen zwischen der Kultur der unterständischen Schichten und den neuen Vorgaben der entstehenden Konfessionen sind daher nicht unbedingt als Ausdruck einer eigenständigen Kultur zu verstehen, sondern waren auch eine Folge der verzweigten Formen, in denen sich die Reorganisation der Kirchen und ihrer Glaubensformen vollzogen.

Reformation und unterständische Schichten

Die unterständischen Schichten kamen mit den Wandlungsprozessen der Konfessionalisierung zunächst durch die frühe Reformation als kommunikativem Ereignis in Berührung. Bereits am Vorabend der Reformation vermittelten Holzschnitte einen breiten Ausschnitt vorreformatorischer Frömmigkeit, nicht zuletzt im Grenzbereich von Magie und Religion.

Unterständische Schichten, Religion und Magie

Drucke und Holzschnitte thematisierten beispielsweise Informationen zu Unglück oder Glück verheißenden Tieren, zur Anwendung von Pfeil- und Axtmagie, zu Kastrationszauber und anderem mehr. Dabei ging es um die Nutzbarmachung und Instrumentalisierung vermeintlich vorhandener Kräfte in der Natur, ohne dass die Grenze zwischen magischen Praktiken und der Religion als Lehrgebäude zu starr gezogen werden sollte. Denn auch die Gelehrten glaubten bis zur Aufklärung an Kräfte in der von Gott geschaffenen Natur, über deren Beschaffenheit und Herkunft noch keine völlige Klarheit herrsche, von denen einige aber möglicherweise den Menschen nutzbar gemacht werden könnten. Alchemie und Astrologie widmeten sich eigens der Erforschung, Deutung und Instrumentalisierung solcher Phänomene. Gelehrte und gläubige Anhänger der Konfessionskirchen suchten im Verlauf des 16. und 17. Jahrhunderts Kenntnis über diese Kräfte zu gewinnen und diese Kenntnisse zu nutzen. Wissenschaft, konfessionell gebundene Religiösität und der Versuch der Instrumentalisierung der Natur im Alltag waren weder ein Widerspruch noch Ausdruck einander entgegenstehender Formen der Religiosität. Der Versuch, einen Teil der übersinnlichen Kräfte einer Welt, die im Urteil aller Zeitgenossen ganz wesentlich und unstrittig von übersinnlichen Kräften geleitet und bewegt wurde, nutzbar zu machen, ist daher zwar auch ein Aspekt der Kultur der unterständischen Schichten, aber keiner, der sich völlig trennscharf von den religiösen Vorstellungen der herrschenden Stände oder der Gelehrten unterscheiden ließe.

Rezeption reformatorischer Ziele

Auch im Hinblick auf die Rezeption der Reformation ist vor einer zu scharfen Unterscheidung zwischen Eliten- und Volksfrömmigkeit zu warnen. Innerhalb weniger Jahre verbreiteten sich die neuen Thesen und Ideen der frühen Reformation durch die neuen Medien, durch Flugblätter und Holzschnitte, auch wenn nicht in jedem Fall die Komplexität der neuen Argumente auf diese Weise übertragen werden konnte.

Neue Medien

Holzschnitte visualisierten beispielsweise auch für den illiteraten Tagelöhner in den Jahren 1522 und 1523 eine Satire des Erasmus von Rotterdam. Sie zeigten Papst Julius II. mit der Tiara auf dem Haupt und in einer Ritterrüstung bei dem erfolglosen Versuch, mit seinem Schlüssel die Himmelspforte zu öffnen. Weil sein Schlüssel nicht in das Schloss passte, blieb er vor verschlossener Tür aus dem Himmel ausgeschlossen. Auch den Unterschichten lagen mit solchen Holzschnitten verständliche Bilder über die Inkompetenz der Römischen Kirche – ihre vermeintliche Schlüsselgewalt – und ihre Unfähigkeit vor, das Heil zu vermitteln. Zu Beginn des 16. Jahrhunderts wurde sogar ein neuer Ausdruck, derjenige der „Neuen Zeitung", gebräuchlich, um das Genre der häufig aus vier bis sechzehn Blättern bestehenden Sammlungen von Neuigkeiten zu kennzeichnen. Sie unterrichteten über Türkengefahr, Reformation, Kriege und Schlachten, aber ebenso über das tragische Schicksal einer durch Hunger und Not in den Selbstmord getriebenen Mutter und ihrer drei Kinder. Die Kommunikation zwischen gelehrter Welt und den Unterschichten endete jedoch nicht mit der Reformation, sondern setzte sich in den Holzstichen der entstehenden Konfessionskulturen und durch die Teilnahme bei kirchlichen Zeremonien fort. Gerade vor dem Hintergrund der Auseinandersetzungen mit der jeweils rivalisierenden Kirche suchten die Konfessionskirchen auf die breite Bevölkerung Einfluss zu nehmen. Evangelische Gläubige konnten beispielsweise Darstellungen des Abendmahls auf Wandmalereien in Kirchen betrachten, die Luther, mit dem Schwan zu seinen Füßen, unter den Aposteln und den vier Evangelisten zeigten.

Teilhabe im Rahmen der Armenfürsorge

Im nachreformatorischen Münster mussten die Armen den Begräbnissen der Donatare für den Armenfonds folgen. Seit den 1570er Jahren nahmen die Zahl und Höhe dieser Donationen erneut einen Aufschwung und die Zahl der armen Münsteraner, die für ihren Lebensunterhalt auf die städtische Armenhilfe zurückgreifen mussten und daher zugleich an den Beerdigungen der Donatare teilnahmen, stieg. Indem seit der zweiten Hälfte des 16. Jahrhunderts die Kosten für Totenmessen selbst für bürgerliche Familien kaum mehr tragbar waren, wuchs auch die Zahl der bürgerlichen Münsteraner an, die in ihren Testamenten Summen für die Armen aussetzten, die für sie beten sollten. Die neuen konfessionellen Heilspraktiken koexistierten in jedem Falle

Beharrung älterer Glaubensformen

häufig mit älteren Formen der Geselligkeit. Mehrtägige Gelage nach Taufen oder Heiraten konnten kaum je ganz abgestellt werden.

Teilhabe und Protest

Zur Teilhabe an der ständischen Kultur zählte auch der Widerstand gegen vermeintlich der Reform bedürftige Verhältnisse. Störungen der altkirchlichen Messe und Liturgie durch Travestien der Zeremonie zählten zum Alltag der Reformation. In Liezen in der Steiermark brachen als Narren verkleidete Dorfbewohner in die Messe, bemächtigten sich der Weihwasserschale, stellten sie auf den Altar und urinierten in sie. Die unzensierte Information über Religion und Kirche beunruhigte daher von Anfang an Honoratioren und Obrigkeit, weil sie in ihr einen Anlass zu Unruhe und Ungehorsam vermuteten. Die Obrigkeit war sich in der Regel des intensiven Interesses der Bevölkerung insgesamt an Wundern und schwer erklärbaren Erscheinungen bewusst. Sie suchte daher beispielsweise in Straßburg Predigten, welche gerade auch die Ungelehrten zu falschen Glaubensüberzeugungen hätten verleiten können, zu unterbinden. Dennoch hielten viele Prediger an Themen fest, die ihnen ein Interesse bei der breiten Öffentlichkeit sicherten. Im Ergebnis setzten sich weniger abstrakte Abhandlungen beispielsweise zur Frage des Abendmahls durch. Stattdessen flossen Kommentare zur Apokalypse, Berichte über die Geburt missgebildeter Kinder oder über Naturkatastrophen in die religiöse Belehrung ein. Das kam den Endzeiterwartungen der Zeitgenossen ebenso wie dem Interesse an Sensationen entgegen. Berichte über direkte Kontakte mit Gott, über Hexen und Zauberer inspirierten die Zuhörer zur Imagination eines vermeintlich eigenen Erlebens. In Straßburg behauptete ein Küfer, der weder lesen noch schreiben konnte, der Heilige Geist, der Prophet Elias und das Licht der Wahrheit in einer Person zu sein.

Reformatorische Predigt und Öffentlichkeit

Festhalten an traditionellen Formen der Geselligkeit

Bei solchen Gelegenheiten ist zwar in der Regel die genaue Sozialstruktur der Teilnehmer nicht bekannt, häufig fanden jedoch ganz unterschiedliche Teile der städtischen Gesellschaft bei der Belehrung durch Predigten und beim Protest gegen vermeintlich gotteslästerliche Glaubensformen zusammen. Zugleich lebten jedoch auch die der Bevölkerung gemeinsamen Formen frommen und sozialen Lebens weiter. So trafen die Bemühungen reichsständischer Obrigkeiten und der Landeskirchen um eine Normierung des Sozialverhaltens im Sinne der neuen konfessionellen Glaubenslehren während des gesamten 16. Jahrhunderts auf den gemeinsamen, hinhaltenden und geschlossenen Widerstand landstädtischer Obrigkeiten, Bürger, Bauern und unterständischer Schichten, die zäh an traditionellen Lebensformen, beispielsweise mehrere Tage währenden Hochzeiten mit entsprechendem Fleisch- und Bierkonsum, festhielten.

Regulierung und Konfessionalisierung

Von der Tatsache einer wachsenden Regulierung des religiösen Lebens der breiten Bevölkerung und der im Gefolge dieser Regulierung wachsenden Einsicht in die häufig unbefriedigenden Kenntnisse des einfachen Volkes über die konfessionellen Heilstheologien kann nicht auf eine religiöse oder etwa gar auf eine auf soziale oder politische Kritik zielende Gegenkultur der Unterschichten im Rahmen der Volkskultur geschlossen werden. Zwar ließ gerade die wachsende Regulierung durch Visitationen und Kirchenzucht die ganze Bandbreite des religiösen Lebens im Verlauf des 16. Jahrhunderts aufscheinen. In der Tat deckte sich diese Bandbreite nur zum Teil mit der zunehmenden Engführung rechtmäßigen Glaubenslebens durch die Bekenntnisse der Konfessionskirchen. Das gilt umsomehr, als sich die neuen Lehren in reformatorischen und nachtridentinischen Kirchen nicht sofort, sondern erst im Verlauf des 16. und 17. Jahrhunderts durchsetzten, so dass in der Frömmigkeitspraxis der breiten Bevölkerung synkretistische Elemente des alten Glaubens und der neuen Konfession in ganz unterschiedlicher Weise und häufig über lange Zeiträume verbunden blieben. Im Hochstift Bamberg hielten beispielsweise Bürger, Bauern und Unterschichten bis zum Ende der zweiten Hälfte des 16. Jahrhunderts, in den kleinräumigen fränkischen Verhältnissen im Gemenge mit den Angehörigen der jeweils anderen Konfession lebend, an den überlieferten liturgischen Formen und Festen der alten Kirche zunächst fest. Selbst in Heidelberg kannte gegen Ende des 16. Jahrhunderts nur einer von drei Haushaltsvorständen die dogmatischen Grundlagen des Heidelberger Katechismus. In vielen größeren Reichsstädten, beispielsweise in Straßburg, koexistierten im Verlauf des 16. Jahrhunderts mehrere Konfessionen, so dass der Einzelne zwischen der katholischen Messe und dem lutherischen Gottesdienst faktisch wählen konnte. Aber selbst in solchen Situationen gehörte die große Mehrheit der Einwohner fest zu einer von ihr gewählten Konfessionskirche, nahm an deren Riten teil, unterstützte den Ausschließlichkeitsanspruch der eigenen Konfession und verurteilte die vermeintliche Häresie der andersgläubigen Nachbarn.

Kritik an der Volkskultur durch Mitglieder der unterständischen Schichten

Es wäre jedoch auch sozialhistorisch unzutreffend, zwischen einer gelehrten Elite, weniger gelehrten Magistraten in Stadt und Land und vollends unkundigen Unterschichten im Hinblick auf Frömmigkeitsformen und die Rezeption von Glaubensinhalten vorschnell zu unterscheiden. Die hessischen Täufer, häufig aus einfachsten Verhältnissen, waren erheblich gesetzestreuer und viel unmittelbarer um ihr irdisches Verhalten und die sich daraus ergebenden Konsequenzen für ihr Seelenheil besorgt als die Mehrheit ihrer Nachbarn, ja selbst als die bürgerlichen Magistrate der Landstädte. Sie verweigerten die kirchliche Gemeinschaft mit diesen Nachbarn, weil sie mit ihnen aufgrund deren sündhaften Lebens das Abendmahl nicht teilen wollten und konnten. Umgekehrt entsprachen viele Geistliche, zumal auf dem Lande, bis weit in das 17. Jahrhundert weder im Hinblick auf ihre theologischen Kenntnisse noch im Hinblick auf ihre Verhaltensweisen den neuen Ansprüchen der reformierten und nachtridentinischen Kirchen. Im Aufeinanderprall der Vielfalt der von jedem Einzelnen als legitim empfundenen Frömmigkeitsformen unter dem Zwang, einheitliche Konfessionskirchen zu bilden, standen sich nicht soziale Gruppen, sondern unterschiedliche Rezeptionsgeschwindigkeiten und verschiedene konfessionelle Frömmigkeitsstile gegenüber. Dafür sind besonders die Täufer, ein häufig herangezogenes Beispiel für die Entstehung einer vermeintlich widerständigen alternativen religiösen Bewegung innerhalb der breiten Bevölkerung, ein hervorragendes Beispiel. Es waren in Hessen gerade die Täufer, und zwar sowohl ihre Mitglieder aus den Unterschichten als auch aus dem Stadtbürgertum, die von der Landesherrschaft energisch eine scharfe Kirchenzucht gegen ihre sündigen Nachbarn als Vorbedingung ihrer Wiedereingliederung in die Landeskirche forderten, während städtische Obrigkeiten und städtische und ländliche Mehrheitsgesellschaft, Bürger, Bauern und Unterschichten, der frommen Zucht im Alltag hinhaltenden Widerstand entgegensetzten. Der religiöse und kulturelle Wandel der breiten Bevölkerung ist daher in erster Linie als nachholende Rezeption zu verstehen, bei der Angehörige der Unterschichten – ebenso wie Bürger und Bürgerinnen – unterschiedliche Optionen trafen oder zu bestimmten Optionen gezwungen wurden, und aufgrund dieser Optionen andere um des wahren Glaubens willen im Rahmen der Kirchenzucht rügten oder sogar angriffen. Gerade angesichts der schnellen Präzisierung rechten Glaubens im Gefolge der Konfessionsbildung und der Abgrenzung zu Aberglauben und Häresien musste wenigstens ein Teil der Vielfalt spätmittelalterlicher Frömmigkeitspraktiken zunehmend als Abweichung erscheinen, ohne als solche intendiert gewesen zu sein, und zu wachsenden sozialen Spannungen in den Gemeinden führen, in denen die Obrigkeit als Richter und Strafinstanz von der einfachen Bevölkerung gegen die vermeintlich gotteslästerlichen Nachbarn angerufen wurde.

Selektive Rezeption

Soweit den Unterschichten im Verlauf von Reformation und Konfessionalisierung angesichts der häufig mangelhaften Ausbildung des Klerus und der, gerade in kleinräumigen Gebieten, konkurrierenden Sinnangebote der Konfessionskirchen in den Herrschaftsgebieten verschiedener reichsständischer Obrigkeiten klare Vorgaben richtigen und falschen Verhaltens erhielten, wurden diese selektiv rezepiert. Man mochte die Einschränkung der Gelage bei Taufen und Heiraten gemeinsam mit den eigenen Honoratioren in Dorf und Stadt hinhaltenden Widerstand leisten. Die Verurteilung eines Nachbarn durch die weltlichen Gerichte bei schweren Vergehen zog gleichwohl die Schande selbst auf dessen Kinder, die dann schnell zu hören bekamen, „ich bin pesser als du, man hatt dein vattern an Galgen gehenckht" [372: HELM, Obrigkeit, 159].

Rezeption neuer Lehren am Beispiel von Hexereianklagen

Besonders drastisch spiegelte sich die Verklammerung nachholender Rezeption durch die Unterschichten mit den Wandlungsprozessen in der Theologie im Problem der Anklagen wegen Hexerei, die gerade auch aus der einfachen Bevölkerung gegen Nachbarn erhoben wurden. Zu den zunehmend durch Obrigkeit und Landeskirche problematisierten Praktiken, die Unterschichten, städtische Bürger und städtische Obrigkeiten geteilt hatten, zählten im 16. Jahrhundert magische Praktiken, z.B. die Zuhilfenahme von Wahrsagern, um gestohlene oder verlorene Gegenstände zurückzuerlangen. Da die Geistlichkeit diese Vorgehensweise jedoch zunehmend verurteilte, begannen auch die Unterschichten, ihren eigenen Alltag neu zu deuten und lange Zeit für legitim gehaltende Vorgehensweisen als strafenswerte Handlung zu bewerten. Holzschnitte infomierten über Zauberei und das Bündnis des Teufels mit den Hexen und über die Taten der Hexen wie beispielsweise das Stehlen von Milch durch magische Hilfsmittel. Unter der einfachen Bevölkerung kam es nun zum Verdacht gegenüber den eigenen Nachbarn. Die Regierung im Kurfürstentum Trier wurde 1591 geradezu aufgeschreckt, als sie feststellte, „daß sich die Gemeinden auff eines oder des anderen unruhigen Underthanen uffwicklung sich zusammen verschworen, und fast einem ufrur gleichstehende Verbündtnüsse gemacht". Die Kurtrierer Regierung verbot diese dörflichen Ausschüsse zur Verfolgung von Hexen und gestand den Gemeinden stattdessen die Entsendung von Repräsentanten zu, die Anklagen gegen angebliche Hexen sammeln sollten. In der Hinteren Grafschaft Sponheim gestatteten die Behörden die Einrichtung von Ausschüssen zur Hexenverfolgung auf Gemeindeebene, nachdem aus der Bevölkerung die Bitte um Erlaubnis zur Gründung solcher Ausschüsse an die Obrigkeit herangetragen worden war.

Örtliche Diskussionen über die Deutung vermeintlicher Hexerei

Innerhalb der Gemeinden gab es Streit und Gespräche über die neuen Informationen zur Hexerei und was darunter zu verstehen sei. So hatte in einem Fall eine später der Hexerei beklagte Frau einen Totenkopf auf den Ratschlag eines Nachbarn beschafft, um sich und ihren Mann von der „Mißefarb" zu heilen. Der Knecht der Frau und spätere

Zeuge der Anklage im Hexenprozess fand diesen Totenkopf, berichtete während der Arbeit von seinem Fund und wurde von der Tochter seiner Herrin zunächst belehrt, es handele sich hier nicht um Hexerei, sondern um eine legitime Maßnahme zur Heilung der Eltern. Selbst die Mitglieder des örtlichen Ausschusses für Anklagen gegen Hexen gaben sich zunächst mit dieser Erklärung zufrieden. Anklagen gegen vermeintliche Hexen nahmen jedoch auch Unzucht und Trunksucht oder andere Verstöße gegen Umgangsnormen der Mehrheitsbevölkerung im weiteren Sinne in den Kanon vermeintlich einschlägiger Beweise für Hexerei auf. Zeugen gegen Hexen waren während der Prozesse in Lippe nicht einmal in der Lage, auch nur die Unterscheidung, ob das die Anklage wegen Hexerei auslösende Unglück nun von Gott oder der beschuldigten Person herbeigeführt worden sei, nachzuvollziehen. Persönliche Konflikte und Animositäten, von ehelichem Streit bis hin zu alltäglichen Unstimmigkeiten mit Nachbarn, führten zusammen mit der Rezeption gelehrter Lehren über die Hexerei und ihrer synkretistischen Kombination von Vorstellungen über das Übernatürliche zu einer massiven Bereitschaft nicht nur der Kooperation mit der Obrigkeit, sondern der selbständigen Bestrafung der nun für gefährlich befundenen Handlungsweisen. Noch gegen Ende des 16. Jahrhunderts entzogen Visitatoren solchen Beschuldigungen durch Aufdeckung der zu Grunde liegenden Sachverhalte den Boden. Aber wo im Verlauf des 17. Jahrhunderts die Obrigkeit solchen Anklagen Gehör schenkte, sie ermutigte oder sogar ihrerseits forcierte, fand sie angesichts der Heterogenität und Widersprüchlichkeit der Überzeugungen der unterständischen Schichten und der Bevölkerung insgesamt ohne allzu große Probleme Zeugen und Ankläger, ja Exekutoren.

Durchsetzung der Konfessionsbildung

Es wäre allerdings trotz des z. T. erheblichen Umfangs der Hexenprozesse völlig verfehlt, die Wirkung von Reformation und Konfessionalisierung auf sie zuspitzen oder gar einschränken zu wollen. Im Gegenteil, die Konfessionalisierung der breiten Bevölkerung, im Sinne der erfolgreichen Vermittlung von Kernbeständen der neuen Lehren, umfasste die gesamte Lebenspaxis. Sicherlich, die von den Konfessionskirchen neu bestimmten und immer weiter präzisierten rechtmäßigen Glaubensformen mischten sich mit Inhalten der jeweils konkurrierenden Konfessionskirchen und Beständen des vorreformatorischen Glaubensgutes. Beispielsweise blieb die Bevölkerung des Städtchens Wismar wenigstens bis 1582 über den Glauben an Wunderhostien gespalten.

Folgen enger Nachbarschaft der Konfessionen

In Franken wiesen katholische Gläubige die Lutheraner des Nachbardorfes noch 1595 darauf hin, den lutherischen Pfarrer werde der

Teufel wegführen, denn er lasse Sauhirten predigen und sei nicht geweiht. In den gemischtkonfessionellen Gebieten des Herzogtums Berg blieben reformierte Christen Zeugen katholischer Prozessionen und Beerdigungen, es konnte sogar zu Ehen verschiedenkonfessioneller Eheleute kommen – vorausgesetzt, einer der Partner wechselte die Kirche. Die betroffenen Eltern der Paare konnten mit milden Mahnungen rechnen.

Partizipation vagierender Gruppen

Von der aktiven, wenn auch häufig in verfremdeter Form sich realisierenden Teilhabe der sesshaften unterständischen Schichten an Reformation und Konfessionalisierung sind die Kulturformen der mobilen und ganz der ständischen Gesellschaft entfremdeten Gruppen zu unterscheiden. Selbst die größeren und über einen etwas längeren Zeitraum bestehenden Räubergruppen aus entlassenen Landsknechten, Bettlern usf. besaßen allerdings kaum je hinreichend personelle Kontinuität, um tatsächlich eigene Kulturformen auszubilden, sieht man von ihren Zeichensystemen einmal ab. Selbst durch sie wurde die Kultur der ständischen Gesellschaft rezipiert. Im Stift Fulda bezeichneten sich in den 1530er Jahren Räuber als Täufer und suchten Gruppenzusammenhalt durch eine abgewandelte Taufe herzustellen. Diese Gruppe setzte also bewusst auf Formen, von denen sie wie im Fall der Erwachsenentaufe wusste, dass sie den Selbstausschluss aus der ständischen Gesellschaft provozierten. Die Zahl der vagierenden Räuber muss jedoch als so gering veranschlagt und die Fluktuation innerhalb dieser Personengruppe als so hoch angesehen werden, dass diese Beispiele kaum als Befunde für eine regelrechte Gegenkultur taugen.

Erfolg der Konfessionalisierung und konfessionelle Identität

Mit der Konsolidierung der Landeskirchen und der Fixierung der durch sie zu betreuenden Sprengel seit dem Ende des 16. Jahrhunderts und vor allem im Anschluss an die Wirren des Dreißigjährigen Krieges werden die Umrisse einer auch unter den unterständischen Schichten fest verankerten konfessionellen Kultur sichtbar, und zwar je nachdem, wie geschlossen im Rahmen der territorialen Entwicklung Landeskirche, Liturgie und Predigt organisiert werden konnten. Davon zeugt nicht zuletzt der überlieferte Buchbesitz. Ein Schleifer bei Nürnberg hinterließ 1611 die Hauspostille, ein Gebetbuch, zwei Gesangbücher und das Neue Testament. Selbst im gemischtkonfessionellen Herzogtum Berg versuchten seit dem Beginn des 17. Jahrhunderts reformierte Mehrheitsgemeinden, lutherische Pfarrer zu verdrängen und waren auch zur Gewaltanwendung bereit, um katholische Priester zu vertreiben. Speyrer Untertanen suchten bei benachbarten protestantischen Ständen Schutz vor der katholischen Konfessionalisierung. Die Störung des Ritus der jeweils anderen Konfession und das zähe Beharren an der im Verlauf des 16. Jahrhunderts angenommenen Konfession auch gegenüber Konfessionswechseln des Landesherren bezeugen die beginnende Identifizierung der Unterschichten mit „ihrer" Konfession im Verlauf des 17. Jahrhunderts, selbst wenn sich dieser Prozess der Konsolidierung konfessioneller Identität unterschiedlich lange hinzog.

Konfessionelle Identität und Lebenswelt

Unabhängig von diesen Veränderungen spielte es im lutherischen wie im reformierten Lager für die Interaktion zwischen unterständischen Schichten und Kirche eine zentrale Rolle, inwieweit die kirchlichen Vorstellungen einer Reformation des Lebens mit den alltäglichen Lebensformen kompatibel waren oder nicht. Bei den Geistlichen blieben Pläne zur Reformation des Lebens, beispielsweise während der Auseinandersetzungen um die Visitation und Reform von Schule und Kirche in Sachsen-Weimar in den 1630er und 1640er Jahren, umstritten. Lutheraner wie Johannes Kromayer widersetzten sich dem Ziel, durch zunehmende Eingriffe in die Lebensführung der Umsetzung der reformatorischen Lehren näher zu kommen. Die innerlutherischen Auseinandersetzungen des 17. Jahrhunderts über Umfang, Sinn und Möglichkeit einer solchen Reformation standen nicht zuletzt vor dem Hintergrund der lutherischen Frömmigkeitsbewegung des 17. Jahrhunderts. Sie mündete ihrerseits in den Pietismus und geriet nicht nur in Gegensatz zur Orthodoxie innnerhalb der Landeskirchen, sondern wirkte dann auch auf einfache Schichten der Bevölkerung, die sich den pietistischen Zirkeln anschlossen oder pietistische Prediger mit Steinen bewarfen. Die neuen Veränderungen innerhalb der zunächst gelehrten Vorstellungen von Glauben und Religiosität führten zu einer weiteren Differenzierung der ohnehin bereits vielfältigen Frömmigkeitsformen unter den unterständischen Schichten.

3.2 Aufklärung

Wo immer die Aufklärung als Reformdiktat des aufgeklärten Fürstenstaates neue Leistungen der Untertanen forderte oder neue Lasten mit sich brachte, etwa im Zusammenhang mit Agrar- und Gewerbereformen, traf sie häufig auf passiven Widerstand. Damit erschöpfte sich ihre Wirkung jedoch nicht. Die zunehmend deutlichere Relativierung der Legitimität ständischer Ordnung und neue Formen der Frömmigkeit wurden auch von Angehörigen der unterständischen Schichten rezipiert.

Stigmatisierung älterer Glaubensformen

Manche der im Verlauf des 16. und 17. Jahrhunderts entstandenen konfessionellen Glaubensformen erschienen den aufgeklärten Kirchenleitungen, wenigstens in ihrer charakteristischen Verbindung mit örtlichen Frömmigkeitsformen, zunehmend als abzuschaffender Aberglauben. Dazu zählte der Glaube an Hexen, an Zauberei und Magie. In dem Maße, in dem neue Normen aufgeklärter Vernunft und natürlicher Ethik zum Maßstab religiöser Frömmigkeit wurden, trat die Religiösität der Gelehrten und die der unterständischen Schichten mit einer Deutlichkeit auseinander, wie das während Reformation und Konfessionalisierung nicht der Fall gewesen war. Während bis dahin divergierende Frömmigkeitstile und verschiedene Verbindungen von Volkskultur und konfessioneller Religiosität in allen Konfessionen quer zur ständischen und sozialen Hierarchie fortbestanden hatten, entwickelte sich nun eine horizontale Grenze zwischen der aufgeklärten Kultur und der Kultur der unterständischen Schichten. Auch deren Mitglieder hatten zwar selbst an der entstehenden Lesekultur der pietistischen Frömmigkeit durchaus Anteil, Angehörige der gelehrten Stände hielten dagegen kaum mehr an den alten Frömmigkeitsformen fest. Die Glaubensformen der unterständischen Schichten wurden von Teilen der gelehrten Öffentlichkeit als Frömmigkeit eines fremden Volkes neu entdeckt und zum Gegenstand von Reformbemühungen und aufgeklärter Reflexion. Der aufgeklärte Fürstenstaat protestantischer wie katholischer Provenienz begann eine Kampagne gegen die „Volksfrömmigkeit“. Im Kurfürstentum Bayern erging in der zweiten Jahrhunderthälfte eine Flut von Verboten, „abgewürdigte Feiertage“ zu begehen, neue Feiertage einzuführen oder an Sonn- und Feiertagen zu tanzen oder zu spielen. Die Vergabe von Armengeld wurde im Sinn aufgeklärter Bemühungen um das Volk an die Bedingung geknüpft, dass die Kinder der Armen tatsächlich zur Schule geschickt wurden.

Festhalten an hergebrachten Lebensformen

Die Veränderungen in Lebensformen und Kultur der unterständischen Schichten lagen in der Regel quer zu diesen Bemühungen. In Bayern führte gegen Ende des 17. Jahrhunderts in einzelnen Gemeinden nur jede zweite bis vierte „leichtfertige“ Beziehung in eine Ehe. Seit dem letzten Fünftel des 18. Jahrhunderts nahm die Unehelichkeit sogar noch zu. Auch im calvinistischen Niederhessen hielt die Bevölkerung am *coitus anticipatus* trotz der Bemühungen der Kirche fest. Deutlicher kommt der Aufeinanderprall konfessionell geprägter Frömmigkeit der Unterschichten mit den neuen aufgeklärten Frömmigkeitsidealen der Innerlichkeit und vernunftgemäßen Lebensführung in Konflikten um den öffentlichen Ritus der Kirche zum Ausdruck. Zum einen erhielten sich manche Formen der Teilhabe am Kirchenjahr über die gesamte Frühe Neuzeit hinweg. Knechte und Mägde des Augustiner-Chorherrenstifts Indersdorf erhielten besondere Fleischportionen wie die Martinsgans zu besonderen Feiertagen. Solche Tage blieben zusätzlich durch besondere Weiheakte oder liturgische Formen ausgezeichnet. Am Himmelfahrtstag half noch bis zum Ende des 18. Jahrhunderts eine Gruppe aus acht Knechten, die Christusfigur aufzuziehen, und erhielt dafür „einen Trunk".

Wallfahrten

Im katholischen Deutschland hatte die Kirche Wallfahrten während des gesamten 17. Jahrhunderts als wichtigen Integrationsmechanismus zwischen Gläubigen und Kirche gefördert. Manche Wallfahrten erreichten überhaupt erst mit dem Beginn des 18. Jahrhunderts, bezogen auf die Zahl der Teilnehmer und den Umfang der Wallfahrt, ihren Höhepunkt. Laienbruderschaften nahmen an den Prozessionen teil und trugen mit Maskeraden zu ihrem bunten Bild bei. In manchen Gemeinden war fast jeder erwachsene Einwohner Mitglied einer solchen Bruderschaft. In der Wallfahrt führte eine sozial kaum differenzierte Geselligkeit Kirche, Bauern und unterständische Schichten zusammen. Auch solche Formen der Frömmigkeit gerieten im Verlauf des 18. Jahrhunderts in das Visier aufgeklärter Kirchenführungen.

Buch und Frömmigkeit

Manche Angehörige der unterständischen Schichten rezipierten im Verlauf des 18. Jahrhunderts die neuen Angebote der christlichen Kirchen jedoch durch das Medium frommer Schriften. Schon 1671 veröffentlichte der Quedlinburger Hofprediger Christian Scriber eine Andachtssammlung, in der auf den gemeinsamen Himmel von Herrn und Gesinde verwiesen wurde. Ein fränkischer Weber hinterließ bei seinem Tod 1714 neben der Lutherbibel eine Hauspostille, ein Beicht- und Communionbuch und ein Gesangbuch. Ein Steinbrecherknecht besaß 1720 Beerns Communionsbuch und den „Kern aller Gebete" von Caspar Neumann. In immerhin zwanzig von 65 Nachlassverzeichnissen Lausitzer Bandweber fanden sich im letzten Drittel des 18. Jahrhunderts Bücher frommer Belehrung und Andacht, vor allem Hauspostillen, Bibeln, und Gesang- und Predigtbücher. Gegen Ende des 18. Jahrhunderts verzeichnete Rudolph Zacharias Beckers „Sittentafel", „Noth- und Hülfsbüchlein" und „Mildheimsches Liederbuch" von 1787, 1798 und 1799 einen ungeheuren Absatzerfolg. Manche Abschnitte, wie im Liederbuch derjenige zu „Gesinde und Tagelöhnern", wandten sich direkt an die unterständischen Schichten. Ohne die ständischen Unterschiede dieser Welt zu kritisieren, wurde doch zugleich an die Ebenbürtigkeit der Menschen als Christen erinnert.

Lesefähigkeit

Die Rezeption dieser Literatur muss nicht zuletzt vor dem Hintergrund der auch unter den unterständischen Schichten zunehmenden Alphabetisierung verstanden werden. Bis zum Ende des 18. Jahrhunderts lag die Signierfähigkeit von Männern – je nach Konfession – zwischen 50 und 95%, bei den Frauen, je nach Konfession, bei 10 bis 80%. Obwohl auch noch zum Ausgang der Frühen Neuzeit der Anteil der Unterschichten, die lesen konnten, weit unter dem anderer Bevölkerungsgruppen lag, nahm er doch gleichwohl zu und ermöglichte so potenziell immer größeren Teilen der Unterschichten auch die lesende Teilhabe an den neuen, verinnerlichten Frömmigkeitsformen.

Pluralität der Frömmigkeitsformen

Neben die konfessionelle Differenzierung der christlichen Glaubensformen während des 16. und 17. Jahrhunderts trat daher vor allem während des 18. Jahrhunderts eine neue Form der Pluralität der Frömmigkeit. Diese neue Pluralität ergab sich weder aus der Verschiedenheit der konfessionellen Kirchenriten, die den Heilsbotschaften der Konfessionskirchen zugeordnet blieben, noch aus der profanen Geselligkeit, die in allen Konfessionen fortbestand. Sie bezog sich auf die neue Form der Verinnerlichung der Frömmigkeit, die sich von den während der Reformation und Konfessionalisierung entstandenden Formen des religiösen Lebens ihrerseit noch einmal abhob. Angehörige der Unterschichten in den lutherischen Kirchen fanden sich sowohl unter den Lesern pietistischer Erbauungsliteratur als auch unter den Trägern orthodoxer lutherischer Kirchenzucht als auch unter den Zechern, die durch die Kirchenzucht gemaßregelt wurden. Neben die konfessionelle Vielfalt der Volkskultur trat ihre Differenzierung durch das Nebeneinander von traditionell-konfessionellen und aufgeklärt-verinnerlichten Frömmigkeitsformen – ohne dass damit impliziert werden darf, dass die orthodoxe Frömmigkeit des 17. Jahrhunderts nicht ebenfalls über Formen der Verinnerlichung verfügt habe. Gleichwohl traten aufgeklärte, überwiegend gelehrte Öffentlichkeit und die Kultur der unterständischen Schichten nun in ein besonders spannungsreiches Verhältnis. Dort, wo Angehörige der unterständischen Schichten in den Augen der gelehrten Öffentlichkeit durch Gewaltanwendung, Alkoholkonsum oder Aberglauben vermeintliche Attribute „des Volkes“ an den Tag zu legen schienen, teilten sie diese Verhaltensweisen mit Bauern und Stadtbürgern, die ihrerseits bis zum Ende des 18. Jahrhunderts wegen ihrer Beteiligung an Schlägereien und Schmähungen gerügt wurden.

Soziale und kulturelle Differenzierung

Obwohl bis zum Ende des 18. Jahrhunderts im Zuge von Bevölkerungswachstum, Ausweitung der ländlichen Gewerbe und Überbesetzung des zünftigen Handwerks der Anteil der Unterschichten unter den unterständischen Schichten in Stadt und Land noch einmal stark zunahm und im Zuge dieser Entwicklung auch die soziale Mobilität zwischen Bürgern, Bauern und Unterschichten vermutlich abnahm, entsprach diesen ersten Ansätzen der Ausbildung sozialer Klassen keine Ausbildung eines kulturellen Gegensatzes von einfacher Bevölkerung und Hofbauern und Bürgern. Widerstand gegen oder Unterstützung von Veränderungen des religiösen Ritus und der politischen Ordnung wurde von Bürgern, Hofbauern und Unterschichten gleichermaßen ausgeübt. Das betraf die Verteidigung der alten Gesangbücher, Aufstände gegen napoleonische Besatzungstruppen und die Teilhabe an neuen Formen der Frömmigkeit. Zugleich lösten sich die traditionellen ständischen Grenzen sozialer Differenzierung und berufsspezifischer Ehre, ablesbar beispielsweise an verschiedenen Kleidern von Handwerkern und Tagelöhnern, auch im Bewusstsein der breiten Bevölkerung langsam auf.

II. Grundprobleme und Tendenzen der Forschung

1. Kultur der unterständischen Schichten: Begriffe – Gegenstände – Forschungsgeschichte

1.1 Forschungsgeschichte – Abgrenzungen und Ziele

Autonomie oder Dependenz der Volkskultur

Für eine eingehendere Diskussion spezifischer Forschungsprobleme ist es unumgänglich, auf Begriff und Gegenstand der „Volkskultur" einzugehen. Die Debatten zu „Volksfrömmigkeit" und „Sozialdisziplinierung", zur Rolle von Ehre, Magie und Aberglauben und die Untersuchung unterschiedlicher Randgruppen und ihrer tatsächlich oder vermeintlich autonomen, beeinflussten oder abhängigen Kulturen thematisieren letztlich auch immer die Frage nach dem Bezug der „Volkskultur" zur Hochkultur im engeren Sinne. Dabei scheinen, trotz der Heterogenität von Fragen und Forschungszugängen, eine Reihe von Feststellungen zur Forschungsgeschichte unumstritten.

Säkulare Wandlungsprozesse

Es lassen sich grundsätzlich zwei Strömungen in der Forschung bestimmen, die sich vielfältig berühren und überschneiden, die jedoch gleichwohl unterschiedliche Anliegen und Fragestellungen verfolgen und trotz aller Überschneidungen unterschiedliche Forschungspole darstellen. Auf der einen Seite hat die Frage nach dem säkularen Wandel von Herrschaft und Gesellschaft und seinen Folgen für das Gesicht der modernen Welt auch die Frage nach Forschungs- und Problemkomplexen wie dem der „Sozialdisziplinierung", dem „Zivilisationsprozess" und nach der Durchsetzung einer „Kultur der Eliten" gegenüber einer „Kultur des Volkes" bestimmt. Die Untersuchung kulturellen Wandels blieb mit der Frage nach Macht und Herrschaft in einer Weise verbunden, die den Veränderungen in Herrschaft, Verwaltung, Recht und sozialer Schichtung die bedeutendere und tiefere Rolle zuwies als kulturellen Wandlungsprozessen, weil diese eben nur abhängige Folgen der eigentlichen Veränderungen gewesen seien.

Kultur als soziale Praxis

Auf der anderen Seite steht das Interesse an kulturellen Ausdrucksformen im weitesten Sinne des Wortes, nämlich als Grundbausteinen sozialer Wirklichkeit sui generis. Obgleich beide Fragen in der Praxis der Forschung häufig vielfältig verbunden und verschränkt sind, lassen sich diese unterschiedlichen Pole doch bei einer Reihe besonders einflussreicher Autoren differenzieren.

Gerhard Oestreich

Der durch Gerhard Oestreich zwischen 1968 und 1977 geprägte Begriff der „Sozialdisziplinierung" wurde von ihm in erster Linie auf die Leistungen des absoluten Fürstenstaates und die „durch seine Verordnungen, Edikte, Reglementierungen" erreichte „geistig-moralische und psychologische Strukturveränderung des Individuums" [57: Oestreich, Friedrich, 89] bezogen. Oestreich wandte den Begriff auf das umfangreiche Policey- und Verordnungswesen des absoluten Fürstenstaates an, besonders auf das persönliche Regiment König Friedrich Wilhelms I. in Preußen. Freilich lassen sich dem die regulierenden Tätigkeiten der anderen Reichsstände zwanglos zuordnen [69: Stolleis, Policey]. Die Rezeption seiner Begriffsschöpfung seit den 1980er Jahren fragte auch nach der Rolle von Kirche und Kirchengerichten und nach den gesellschaftlichen Prozessen jenseits derjenigen Veränderungen, die in erster Linie durch die weltlichen Obrigkeit initiiert schienen [59: Schilling, Kirchenzucht; 43: Lottes, Disziplin; 44: Lottes, Volkskultur].

Eliten- und Volkskultur

Robert Muchembleds Studie über den Konflikt zwischen Eliten- und Volkskultur im Frankreich der Frühen Neuzeit verfolgte die Frage nach der Überwältigung der einen durch die andere Kultur und nahm, wie Oestreich, die Frage nach der Genese unserer eigenen Gegenwart auf, die als Übergang der Volks- zu einer Massenkultur thematisiert wurde. Damit im Zusammenhang stand auch sein Interesse an der Prägung durch und dem Wirken von Machtinstanzen in der Gesellschaft [52: Muchembled, Culture, 229–340, 381–391]. Allerdings unterstrich Muchembled, dass die von ihm untersuchte Normierung sich als Folge gesellschaftlicher Wandlungsprozesse vollzog und nicht nach einem explizit durch historische Akteure initiierten Plan vonstatten gegangen sei. Diese Wandlungsprozesse umfassten den Aufstieg des Bürgertums, die Urbanisierung und den Aufstieg des absoluten Staates.

Unterschiede zwischen diesen Fragestellungen liegen in dem Maß, in dem die Autoren zunächst den absoluten Fürstenstaat und seine Edikte, die sozialen Mechanismen im Zusammenhang mit der Entstehung dieses Staates oder noch allgemeinere gesellschaftliche Wandlungsprozesse in den Blick nahmen. Allerdings treten in der Forschung, wenn auch nicht in der spezialisierten Debatte zu den theoretischen Konzepten, solche Unterschiede gegenüber dem gemeinsamen Zugriff zurück [Ebenda, 181–188]. Wenigstens Muchembled und Oestreich teilen auch die Auffassung einer besonders seit der beginnenden Neuzeit aufbrechenden Kulturdifferenz von Eliten und Volk, deren Einebnung, sei es als Disziplinierung, als Zivilisierung oder Überwindung der Volkskultur, den von ihnen skizzierten Prozess in wesentlichen Teilen ausmacht.

Schließlich teilen beide mit dem Soziologen Norbert Elias das Interesse an sozialpsychologischen Fragestellungen, vor allem nach der Formierung und Veränderung von Subjektivität. Elias entwickelte bereits in den 1930er Jahren, in erster Linie am Beispiel der französischen Monarchie und des französischen Hofes, die These eines zunehmenden Zwanges zum Selbstzwang, der mit der Monopolisierung politischer Macht durch die Krone verbunden gewesen sei [24: ELIAS, Prozeß]. Elias, Oestreich und Muchembled unterstreichen die zentrale Bedeutung der gesellschaftlichen Tiefenwirkung des frühmodernen Staates und werden entsprechend rezipiert [86: VAN DÜLMEN, Alltag, Bd. 2: 221–284]. Oestreich suchte dabei Anschluss an Norbert Elias' Zivilisationstheorie [56: OESTREICH, Policey, 377].

NORBERT ELIAS

Sie stehen damit in Forschungszusammenhängen, die durch die Politik- und Verfassungsgeschichte im engeren Sinne inzwischen revidiert sind. Die Monarchien in Frankreich und im Reich werden heute wesentlich deutlicher in ihren ständischen Verflechtungen verortet, statt sie als Akteure sui generis zu verstehen. Die Forschung zu Frankreich hat seit den 1970er Jahren das 19. Jahrhundert statt der Frühen Neuzeit als den Zeitraum entdeckt, in dem aus den Mitgliedern unterschiedlicher Sprach- und Kulturgruppen durch die Anstrengungen des Staates eine homogene und im Hinblick auf die Zwecke des Staates disziplinierte Staatsbürgerschaft geworden sei [17: CORBIN, Village; 76: WEBER, Peasants]. Muchembled wurde vorgeworfen, die Kultur des Volkes zu idealisieren [44: LOTTES, Volkskultur, 238]. Einhellig wies die Forschung auf die engen Grenzen der gezielten Erzwingung von Verhaltensstandards durch die weltliche Obrigkeit hin [65: SCHUCK, Überlegungen, 142–143; 67: SCHWERHOFF, Zivilisationsprozeß, 588].

Revision durch die Politik- und Sozialgeschichte

Die Annahme einer tief greifenden, in der Regel dichotomisch konstruierten kulturellen Differenz zwischen Volk und Elite geht, sieht man von der „Entdeckung des Volkes“ durch die Aufklärung und die Romantik hier einmal ab, auf die spezifische Verarbeitung des seit den 1880er Jahren ungeheuer gewachsenen Interesses einer ganzen Reihe von Disziplinen an der Genese der modernen, demokratischen und industriellen Welt zurück, die insbesondere im Gefolge der Erfahrung des Ersten Weltkrieges die ältere Welt, deren Residuen ständischer Ordnung und deren monarchische Ordnungen hinweggeschwemmt zu

Forschungstraditionen

haben schien [64: SCHORN-SCHÜTTE, Alteuropa]. Elias und Oestreich, aber auch Muchembled teilen ihre Annahmen daher mit Thesen der Volkskunde aus den 1920er Jahren. Die Volkskunde ist schließlich auch diejenige Disziplin, welche sich der „Kultur des Volkes" im Sinne einer „Kulturgeschichte der unteren Schichten" [16: BAUSINGER, Welten, 266] zunächst widmete.

Ältere Thesen der Volkskunde

Hans Naumann vertrat bereits 1922 die These der Genese zweier verschiedener Kulturen und ordnete die Problemstellung ihres Verhältnisses zueinander der Frühen Neuzeit zu. In seiner „Deutschen Volkskunde" wies er darauf hin, es sei „kein Zufall, daß erst mit der Renaissance, die zwei Volksgruppen verschiedener Bildung schuf, die Verschiedenheit der Kleidung der Oberschicht von der Kleidung der Unterschicht aufgekommen ist...". [55: NAUMANN, Volkskunde, 11]. In dem Abschnitt über den „Primitiven Gemeinschaftsgeist" nahm er eine Reihe von Annahmen der Kulturgeschichte der siebziger Jahre vorweg. So beschrieb er als Aspekte der Volkskultur u.a. die besondere Bedeutung des Lebens in Gemeinschaft und Nachbarschaft im Gegensatz zur Regelung sozialer Beziehungen mittels der institutionalisierten Kanäle des entstehenden Staates. Er unterstrich die Bedeutung einer eigenen „Volksjustiz", die sich in Haberfeldtreiben, Charivaris und Katzenmusiken geäußert habe, und zählte schließlich „mystische Glaubensvorstellungen" zum Repertoire dieser Volkskultur [55: NAUMANN, Volkskunde, 56–65].

Kulturforschung

Dem anderen Pol der Volkskulturforschung ging es weniger um eine Theorie säkularen gesellschaftlichen Wandels in die Moderne. Es ging vielmehr um die Erschließung bisher vernachlässigter Quellengattungen, vor allem aus der Praxis der Strafverfolgung, unter Heranziehung von Erklärungsansätzen aus Ethnologie und Volkskunde und der Neudeutung gesellschaftlicher Zusammenhänge auf der Grundlage von Mikroanalysen [21: DINGES, Ehre, 37–42; 23: VAN DÜLMEN, Anthropologie]. Während der sechziger und siebziger Jahre entwickelten sich in diesem Sinne in den Vereinigten Staaten, Großbritannien, Frankreich und Italien eine Reihe neuer Fragen und Forschungsansätze, die u.a. mit den Namen Natalie Zemon Davis, Peter Burke, Carlo Ginzburg, Edward P. Thompson und David Warren Sabean verbunden sind. Im Verlauf der siebziger, achtziger und neunziger Jahre entstand in Deutschland eine ganze Reihe von Aufsatzsammlungen, die diese Fragen fortführte. Diese Perspektive lässt sich auch in Abgrenzung zu anderen Themen der Geschichtswissenschaft verstehen. Diese Abgrenzung richtet sich zum einen gegen eine in erster Linie an der Geschichte des Staates als Institution und an der Politik als interessegeleitetem

Einflüsse der nicht deutschen Forschung

Machthandeln seiner Vertreter auf höchster Ebene orientierten Ereignis- und Ideengeschichte. Sie wendet sich zum anderen gegen eine im säkularen Verlauf wirtschaftliche, institutionelle, politische und soziale Tatbestände verfolgende Sozialgeschichte als Geschichte sozialer Klassen und wirtschaftlicher Strukturen, sofern diese in erster Linie auf den materiellen und zugleich politischen Fortschritt im Zeitverlauf ausgerichtet blieb und sich mehr oder minder ausdrücklich modernisierungstheoretischen Ansätzen der Sozialwissenschaften der fünfziger bis siebziger Jahre verpflichtet sieht.

Perspektivwechsel der Forschung

Spezifische soziale und kulturelle Entwicklungen in Nordamerika und Westeuropa, besonders im Gefolge des Scheiterns vieler Modernisierungsprogramme in der Dritten Welt und damit der ihnen zugrunde liegenden modernisierungstheoretischen Annahmen, der Kritik an dem orthodoxen Marxismus der osteuropäischen Parteidiktaturen, der Kritik an Politik und Gesellschaft der eigenen Gegenwart und der Suche nach alternativen Lebensstilen motivierten Fragen der historischen Forschung nach vergessenen oder verdrängten Lebensformen von Bevölkerungsgruppen, die bislang tatsächlich oder vermeintlich dem Interesse der historischen Forschung entgangen waren.

Es ging jedoch vor allem darum, vergangene Gesellschaften nicht nach dem Modell der modernen Gesellschaften des 19. und 20. Jahrhunderts zu rekonstruieren – sei es nach Maßgabe moderner Staaten, sei es nach Maßgabe vermeintlicher Klassenkämpfe –, sondern in ihrer eigenen und daher, vermeintlichen oder tatsächlichen, fremden Eigentümlichkeit. Daher rückte die Rekonstruktion von Kommunikationsformen, die der Gegenwart fremd schienen, in den Vordergrund. Das Interesse galt nun nicht zuletzt jenen religiösen Ausdrucksformen, die von der älteren Kirchengeschichte und der Sozialgeschichte nurmehr als Aberglauben oder missverstandene Deutung der eigentlichen Theologie verstanden und damit als Erscheinungen ohne Bedeutung für die Entwicklung sozialer Großgruppen nur wenig untersucht worden waren. Zu solchen bislang vernachlässigten Ausdrucksformen zählten u.a. Feste, Aufstände und Formen kollektiver und ritueller Gewalt, die vordem als Ausdruck des ungebildeten und gewalttätigen Teils der Bevölkerung nicht das Interesse der Geschichtswissenschaft zu verdienen schienen. In Abgrenzung zur Ideengeschichte der politischen Theorie im engeren Sinne und zur Rechts- und Verfassungsgeschichte wurden als Quellen in besonderer Weise solche herangezogen, die zwar in der Regel letztlich von eben jenen Personen generiert worden waren, denen nun nicht mehr in erster Linie das Interesse gelten sollte, nämlich durch Amtsträger aus Kirche und Staat, die jedoch wenigstens mittelbar einen

Einblick in Verlauf und Hintergründe von Aberglauben und Magie, Festen, Glaubensformen und Handlungen des einfachen Volkes zu geben versprachen.

Neue Methoden und Begriffe

Zum Verständnis dieser Ausdrucksformen boten sich vor allem solche wissenschaftlichen Disziplinen an, die aufgrund ihrer Entstehungsgeschichte ohnehin Gesellschaften untersuchten, die keine oder vermeintlich keine institutionellen Ausprägungen und Handlungsstrukturen besaßen, nämlich die Anthropologie – bzw. Völkerkunde oder auch Ethnologie – und die Volkskunde.

Anthropologie und Volkskunde als Vorbilder

Diese Disziplinen beschäftigten sich mit Bevölkerungen außerhalb und innerhalb Europas, deren gesellschaftliches Handeln und deren gesellschaftliche Organisation im weitesten Sinne durch eine Beschreibung institutioneller Prozesse und Apparate nicht oder nur zum Teil möglich erschien. Das waren in erster Linie diejenigen außereuropäischen Bevölkerungen in Afrika, Asien und Ozeanien, die zum Zeitpunkt der kolonialen Expansion Europas nur wenige Institutionen und z.T. auch keine Schrift kannten und deren Untersuchung daher weder durch die Rekonstruktion der Geschichte der institutionellen gesellschaftlichen Macht- und Reflexionszentren und deren schriftlicher Überreste noch auf der Basis einer eigenen schriftlichen Tradition erörtert und erforscht werden konnten [22: DOUGLAS, Ritual; 35: HABERMAS, Einleitung, 11–17; 46: MALINOWSKI, Theorie]. Das galt zum anderen für die Volkskunde als derjenigen Disziplin, die im Verlauf des 19. Jahrhunderts den Versuch unternahm, Lebensäußerungen einer vermeintlich durch die Industrialisierung dem Vergessen anheim fallenden Volkskultur zu sammeln und zu archivieren [41: JACOBEIT, Wissenschaft]. Anthropologie und Volkskunde gingen davon aus, dass sich die eigene institutionalisierte Gesellschaft fundamental von überwundenen europäischen als auch außereuropäischen Gesellschaftsformen unterschied. Deren Lebensäußerungen galt es daher, durch eine geeignete Übersetzung zu entschlüsseln.

Kernbegriffe

Da für die neuen Forschungen weniger der Gewaltakt, der Zauberglaube oder das Fest als solches von Interesse waren als ihre Entschlüsselung als Chiffre einer sich nicht explizit, sondern eben in solchen Handlungszusammenhängen äußernden Kultur, kam der mit Hilfe anthropologischer Theorien und Begriffe vorangetriebenen Detailstudie solcher Ereignisse, vom Aufruhr bis hin zur Hexereianklage, besondere forschungsstrategische Bedeutung zu [27: GINGRICH, Zeitschrift, 163–168; 28: GINZBURG, Mikro-Historie, 176–182; 37: HAUSEN, Anthropologie, 456–462]. Forschungsleitende Begriffe wie „Alltag“, „Mentalität“ und „Ritual“ markierten den eigentlichen Gegenstand des Interesses, auch wenn die Forschung dabei auf außeralltägliche Handlungszusammenhänge angewiesen blieb, die eben gerade aufgrund ihrer Außeralltäglichkeit zur Produktion schriftlicher Quellen geführt hatten.

Methode und Gegenstandsbereich

Geht man einmal davon aus, Methoden und Fragestellungen, die gezielt zur Untersuchung nicht institutionell differenzierter Gesellschaften entwickelt worden waren, seien grundsätzlich auch zur Untersuchung bestimmter Phänomene der europäischen Gesellschaften geeignet, dann lassen sich die durch solche Begriffe konstituierten Gegenstandsbereiche prinzipiell auch zur Untersuchung ganz unterschiedlicher sozialer Gruppen anwenden, nicht allein der unterständischen Schichten. Gleichwohl blieb für die Forschungen der sechziger bis neunziger Jahre das Interesse an Handlungszusammenhängen, die von den Entscheidungs- und Reflektionsprozessen der „Eliten" abgrenzbar zu sein schienen, von primärer Bedeutung.

Kulturbegriff

Zu einem zentralen forschungsleitenden Begriff wurde in diesem Zusammenhang der Begriff der Kultur, allerdings nicht im Sinne der Summe der Artefakte der Hochkultur und des durch sie definierten Bildungskanons in bildender Kunst, Musik und Literatur, sondern als Inbegriff für die Zeichensysteme vergangener Bevölkerungen im weiteren Sinne. Dabei konnte, musste aber nicht von einer Dichotomie zwischen Hochkultur und Volkskultur – oder, in jüngerer Zeit, von Grand tradition und Petit tradition – ausgegangen werden, möglich war auch, von differierenden Partizipationsformen – hinsichtlich Lesefähigkeit, Einkommensverhältnissen, Geschlecht, ständischer Ehre usf. – an der einen gemeinsamen Kultur auszugehen, die es nun im Einzelnen zu erforschen galt [44: Lottes, Volkskultur, 239].

Unterschiedliche Gewichtungen

Die verschiedenen Forschungsstränge zur „Volkskultur" werden unterschiedlich gewichtet. Norbert Schindler unterstreicht beispielsweise die Distanz zu ökonomistischen Erklärungsansätzen von Basis und Überbau und erinnert damit zugleich daran, dass sich die neuen Fragestellungen auch gegen die Geschichtswissenschaft der sozialistischen Parteidiktaturen Osteuropas und der UdSSR abgrenzten, für welche die breite Bevölkerung allein als Repräsentant vermeintlicher Klassengegensätze von Interesse war und die deren Handlungen an der postulierten Adäquanz ihrer Klassenziele im Kampf mit dem – „feudalen" – Klassengegner maß. Er weist weiter auf die Bedeutung „symbolischer Dimensionen und Wirkungsweisen", auf das Interesse an „expressiven Artikulationsformen" und auf die Ambivalenz gesellschaftlichen Mit- und Gegeneinanders von „oben" und „unten" hin [60: Schindler, Geschichte, 331].

Gegenstände und Fragestellungen

Edward P. Thompson

Gegenstand und Vorgehensweise einiger häufig rezipierter Aufsatzsammlungen seien als Beispiele angeführt, um die ganze Bandbreite möglicher Fragestellungen anzudeuten. E. P. Thompson wandte sich in einer Reihe von Aufsätzen, die 1980 in deutscher Übersetzung erschienen und besonderen Einfluss ausübten, den Wertmaßstäben und den an ihnen ausgerichteten Handlungen der englischen Bevölkerung zu, soweit sie nicht zur Gentry oder zum Adel zählte. Thompson war zu diesem Zeitpunkt bereits durch eine 1963 erschienene Studie zur Entstehung der englischen Arbeiterklasse hervorgetreten. In dieser gegen den orthodoxen Marxismus-Leninismus konzipierten Studie stand die Kommunikation einzelner Individuen und Gruppen innerhalb der englischen Bevölkerung im Verlauf des 18. und frühen 19. Jahrhunderts im Mittelpunkt [34: Groh, Einführung, 5–28; 35: Habermas, Einleitung, 9; 71: Thompson, Making]. Statt die Entstehung der Arbeiterschaft als notwendige Folge säkularer und gesetzmäßig festgelegter Prozesse in erster Linie wirtschafts- und dogmengeschichtlich abzuleiten, wurde sie als Ergebnis eines Kommunikationsprozesses von Betroffenen beschrieben, die Veränderungen ihrer Lebenswelt erlitten, jedoch zugleich mitbestimmten und zugleich neue Handlungsformen und ein neues Selbstverständnis ihrer selbst allererst schufen. Die Frage nach diesem Selbstverständnis als Ergebnis der Wandlungsprozesse in Selbstverständnis und Selbstbeschreibung einzelner Individuen wie Gruppen trat in bewusster oder unbewusster Anlehung an den Historismus an die Stelle der Ableitung vermeintlich wahrer oder falscher Bewusstseinsformen auf Grund der Einnahme bestimmter Positionen in der Wirtschaftsgesellschaft [71: Thompson, Making; 35: Habermas, Einleitung, 10–12].

Zur „Logik“ der Volkskultur bei Thompson

Thompson benannte damit zentrale Motive und Methoden der sich sprunghaft entwickelnden Volkskulturforschung. Seine Aufsätze führten diese Fragen vom frühen 19. Jahrhundert in die Frühe Neuzeit zurück. Sie fragten nach der inneren Logik der Unruhen des einfachen Volkes und suchten implizite Wertvorstellungen der Betroffenen zu rekonstruieren [73: Thompson, Economy, 67–130]. Statt beispielsweise den Beteiligten an Überfällen auf Bäcker oder an Brottumulten irrationales Verhalten zu unterstellen, suchte Thompson ihr Verhalten als rationale und geplante Vorgehensweise zu charakterisieren, die überdies auf Dialog mit der Obrigkeit angelegt gewesen sei. Auch sein Aufsatz über „Patrician Society, Plebeian Culture“ [74: Thompson, Society, 169–202] widmet sich der kommunikativen Dimension gesellschaftlichen Zusammenlebens und der Bedeutung der Entschlüsselung von Erfahrungen zur Deutung von Handlungen. Die Leitung der englischen

Erfahrung als Kernkategorie

Gesellschaft des 18. Jahrhunderts durch Adel und Gentry sei nicht als Herrschaft über eine hilflose und stumme Bevölkerung zu verstehen, sondern als Folge einer Reihe impliziter Kompromisse zwischen Adel, Gentry und einfacher Bevölkerung. Diese Kompromisse seien als Teil eines kontinuierlichen Prozesses des Kräftemessens zu werten, zu dem auch die öffentlichen Aburteilungen von Straftätern zu zählen seien. Auch in diesem Aufsatz wird eine Fülle bislang nicht oder wenig untersuchter Gegenstandsbereiche, wie beispielsweise die nahezu zeremonielle Ausgestaltung öffentlicher Hinrichtungen im England des 18. Jahrhunderts, weniger als kurioses und unverständliches, aber auch nicht der Beachtung wertes Seitenstück einer vergangenen Zeit, sondern als Teil kultureller Codes, mit denen sich Bevölkerung und soziale Eliten über die gegenseitigen Handlungsspielräume immer wieder neu verständigten, und zugleich als eminent wichtige Aspekte des gesellschaftlichen Zusammenlebens beschrieben, durch die erst dieses Zusammenleben strukturiert und organisiert worden sei. An diesem Beispiel wird zugleich deutlich, wie sehr Thompsons Fragen und Ergebnisse von den spezifischen verfassungsgeschichtlichen Problemlagen Englands abhingen, so dass sich die Frage nach ihrer Übertragbarkeit auf andere Länder stellt.

NATALIE ZEMON DAVIS

Natalie Zemon Davis trat bereits in den fünziger Jahren mit Aufsätzen zu Reformation und Humanismus im Frankreich der Konfessionskonflikte des 16. Jahrhunderts hervor, die 1975 in ihrer Aufsatzsammlung über „Society and Culture in Early Modern France“ erneut veröffentlicht wurden. Im Wesentlichen auf der Grundlage ihrer Forschungen zu Lyon unternimmt sie den Versuch, an Hand von Gesellenstreiks, Armenpflege, Hexereiklagen und der Ausübung von Gewalt im Zusammenhang mit den Konfessionskonflikten der zweiten Hälfte des 16. Jahrhunderts das Handeln der beteiligten Handwerker, Frauen und einfachen Leute als Teil einer kulturellen Praxis nachzuvollziehen. Dabei wandte sich Davis ausdrücklich gegen den Versuch, die von ihr behandelten Konflikte einfach als Ausdruck der Auseinandersetzungen zwischen Arm und Reich zu verstehen [19: ZEMON DAVIS, Society, 155].

DAVID WARREN SABEAN

David Warren Sabean widmete sich schließlich in seinem einflussreichen „Power in the Blood“ den Verhandlungen und Riten zwischen Bewohnern ländlicher Gemeinden und Vertretern der Obrigkeit, um in diversen Konflikten die ganze Bandbreite kultureller Interaktionen jenseits der eindimensionalen Beziehung von Befehl und Gehorsam aufzudecken [58: SABEAN, Power].

Quellenlage

Trotz des expliziten Interesses am Alltag vergangener Zeiten fanden besonders außeralltägliche Begebenheiten, die beispielsweise in

Gerichtsakten ihren Niederschlag fanden, das besondere Interesse der Forschung. Häufig wurden Personen zum Gegenstand der Forschung, die keineswegs zur einfachen Bevölkerung gezählt werden können, weil nur hier die Dichte der Quellen eine umfassende Beschreibung von Leben und Denken vergangener Personen ermöglichte [18: ZEMON DAVIS, Women; 106: ULBRICH, Shulamit]. Das Interesse an individuellen Befindlichkeiten steht daher bis heute neben Arbeiten, die auf sozialstrukturelle Theoriebildung zielen [53: MUSCHEMBLED, Societé; 9: SCHLUMBOHM, Kinderstuben].

Besondere Forschungs- und Methodenprobleme

Lassen sich die institutionell hoch differenzierten europäischen Gesellschaften mit Fragestellungen und Methoden untersuchen, die expressis verbis diese Institutionalisierung ausklammern [37: HAUSEN, Anthropologie, 460]? Besonders die Probleme mit dem Begriff des Volkes wurden im Verlauf einer Kontroverse zwischen dem englischen Historiker Keith Thomas und seinen Kritikern erörtert, die Keith Thomas methodisch nicht reflektierte Anleihen bei der Anthropologie zur Erklärung des Hexenglaubens vorgeworfen hatten [75: THOMPSON, Folklore]. E. P. Thompson erklärte 1978 im Rahmen dieser Kontroverse, solche Anleihen seien nicht als Übernahme von Modellen gesellschaftlicher Organisation, sondern, analog zur Orientierung an der Volkskunde, als Anregung zu neuen Fragestellungen zu begreifen. Thompson reflektierte dann die akademische Diskreditierung des 1936 durch den englischen Volkskundler James Frazer publizierten „Goldenen Zweig". Frazer hatte in dieser Arbeit den Versuch unternommen, einen ausgesprochen heterogenen Bestand von Aufzeichnungen und Berichten über magische Praktiken und Volksbräuche zu einem in sich geschlossenen System europäischer magischer Vorstellungen zusammenzufügen, ohne dabei im Einzelnen darauf zu achten, welchem spezifischen Kontext sein Quellenmaterial entnommen und welche quellenkritischen Vorbehalte gegenüber den Beschreibungen gemacht werden müssten. So unterstellte er beispielsweise den allen europäischen „Primitiven" vermeintlich gemeinsamen Gedanken, der Mistelzweig oder „Goldene Zweig" habe „mystischen Charakter". Im Zusammenhang solcher Konstruktionen ging es Frazer nicht um die historische Einordnung bestimmter Phänomene, sondern um die Eruierung eines in sich schlüssigen Systems von Zeichen der Volkskultur *der* „Primitiven" [26: FRAZER, Baugh, 1018–1019]. Thompson konzedierte die Probleme, die mit einer derartigen Vorgehensweise verbunden sind, hielt aber an Sinn und Gehalt der Beschäftigung der historischen Forschung mit Gegenständen der Volkskunde fest. Als Beispiel führte er das Ritual des Frauentausches an. Dabei hätten im Verlauf des

Begriff Volk

Probleme mit Anleihen aus der Volkskunde

18. Jahrhunderts Männer ihre Frauen an Stricken um den Hals auf den Jahrmarkt geführt, um auf diesem Wege eine sozial – wenn auch nicht rechtlich – akzeptierte Scheidung herbeizuführen [75: THOMPSON, Folklore, 294–297].

Gegenstand Charivari

Carlo Ginzburg, ein durch die Untersuchung der häretischen Glaubensvorstellungen eines italienischen Müllers im 16. Jahrhundert hervorgetretener italienischer Kulturhistoriker [29: GINZBURG, Käse], wandte sich in einem Aufsatz über „Charivari, Jugendbünde und Wilde Jagd" einem der prominentesten Gegenstände der historischen Forschung zur Volkskultur der siebziger und achtziger Jahre zu. Kollektive und rituell ausgestaltete Proteste ländlicher oder städtischer Bevölkerungsgruppen gegenüber einzelnen Mitgliedern der Nachbarschaft, die durch ihr Verhalten bestimmte explizite oder implizite Normen verletzt hatten, fanden schon deshalb das besondere Interesse der Forschung, weil sie versprachen, in besonders eindringlicher Weise deutbar zu sein. Um sich den älteren Schichten der Entstehung dieser Handlungsweise zu nähern, ging Ginzburg bis auf eine Kirchengeschichte aus dem 12. Jahrhundert zurück und stieß auf den Glauben an Totenseelen. Die Teilnehmer an Charivaris verstanden sich demnach als Repräsentanten der Schar der Toten. Diese These kombinierte er mit Überlegungen von Natalie Zemon Davis über die Rolle von Jugendgruppen in solchen Ritualen. Das durch den Charivari ursprünglich thematisierte Zusammenleben von Toten und Lebenden sei im Verlauf der Frühen Neuzeit durch Mitglieder der gelehrten Kultur „umgestaltet und entstellt" worden, „bis sie das monströse Aussehen des Hexensabbats annahmen" [31: GINZBURG, Spurensicherung, 59–67].

Volkskundliche Forschungserfahrung mit dem Charivari

Diese Thesen kommentierte Hermann Bausinger auf dem 35. Historikertag in Berlin in einem Vortrag, der zu den wichtigsten theoretischen Reflexionen des Gegenstandes zählt. In der Volkskunde seien besonders seit den 1970er Jahren, in Verkehrung des wachsenden Interesses der Geschichtswissenschaft an der Volkskultur als vermeintlich von der gelehrten Kultur eigenständiger Größe, Fragen der spezifisch ereignis- und ideengeschichtlichen Genese einzelner Elemente der Volkskultur in den Vordergrund getreten, während die Skepsis gegen die Annahme lang währender und mehr oder minder durch die Kultur der gelehrten Stände unveränderter Elemente zugenommen habe. Die Wissenschaftskritik innerhalb der Volkskunde verständigte sich über den nur scheinbar urtümlichen Charakter vieler vermeintlich volkstümlicher Phänomene und distanzierte sich, die Entwicklung im England der vierziger und fünfziger Jahre nachholend, von volkstümelnden Annahmen und Thesen der älteren Forschung [68: SIEVERS,

Fragestellungen, 31–50; ältere Ansätze 38: IPSEN, Landvolk; 39: IPSEN, Agrarverfassung; 40: IPSEN, Dorf; zur Historisierung der volkskundlichen Wallfahrtsforschung speziell 373: HERSCHE, Devotion, 1f.]. So habe die Volkskunde Märchen als Produkte der Gegenreformation erkannt [16: BAUSINGER, Welten, 268–269; 50: MOSER, Altersbestimmung; 51: NITSCHKE, Ordnungen]. Während Historiker die Lachkultur des Mittelalters als Resonanzboden für Karnevalsbräuche heranzögen, eruierten Volkskundler die spezifischen Formen klösterlicher Inszenierungen von Augustinus' Zweistaatenmodell, auf welche diese Karnevalsbräuche tatsächlich zurückgingen [16: BAUSINGER, Welten, 269; 62: SCHINDLER, Karneval].

Rollentausch zwischen Geschichte und Volkskunde?

Bausinger bewertet diese Entwicklung als Rollentausch, in dem Historiker vermeintlich langfristigen und verborgenen mentalen Strukturen nachspürten – wie vordem die ältere Volkskunde –, während Volkskundler sich um die minutiöse Rekonstruktion historischen Wandels und die Klärung der spezifischen Bedingungen zur Erklärung bestimmter Handlungen bemühten – wie vordem die Historiker. Dabei entständen bei manchen Historikern auch Thesen, die der Disziplin Volkskunde aus ihrer eigenen Vergangenheit bekannt seien. Die These Carlo Ginzburgs beispielsweise, beim Charivari handele es sich um Personen, die sich in den ursprünglicheren Formen dieses Rituals als Darsteller des Totenheeres verstanden hätten, das für die Durchsetzung zentraler Normen unter den Lebenden verantwortlich gewesen sein soll, sei bereits von dem Volkskundler Otto Höfler in seiner 1934 erschienenen Studie über „Kultische Geheimbünde der Germanen“ vertreten worden. Höfler wie Ginzburg stützten sich auf einen satirischen Versroman des 14. Jahrhunderts und deuteten das Auftreten eines Harlekins in der Handlung des Romans als Hinweis auf das Totenreich, ohne die literarische Qualität der Quelle und die ihr eigenen Konventionen zu beachten [16: BAUSINGER, Welten, 270–272; 33: GREYERZ, Sanctity, 280f.].

Institutionalisierung und Kulturgeschichte

Bausinger greift damit zum einen ein Problem auf, das dem Erforschen volkstümlicher Glaubenselemente immanent ist. In der seit dem Hochmittelalter institutionalisierten europäischen Kultur erarbeiteten Juristen und Theologen Konzepte der gemeinsamen Kultur, die ohnehin Gegenstand der einschlägigen wissenschaftlichen Spezialdisziplinen sind und die ohne Frage auch Einfluss auf Handeln und Denken der breiten Bevölkerung nahmen. Bausinger weist darauf hin, dass von einer durch die Wissenssysteme der Eliten unbeeinflussten Kultur nicht gesprochen werden kann. Zu allen Zeiten herrschten überdies unterschiedliche Meinungen in der Bevölkerung, nicht die eine

„Mentalität" [16: BAUSINGER, Welten, 277–279; 68: SIEVERS, Fragestellungen, 48 f.].

Pluralität methodischer Ansätze in der Anthropologie

Ein besonders einflussreicher Vertreter der englischen historischen Anthropologie, der im Gegensatz zu den meisten anderen Vertretern der historischen Anthropologie selbst als Anthropologe in Asien gearbeitet hat, machte dagegen die Institutionalisierung der europäischen Gesellschaften selbst zur Grundlage seiner Fragestellung und untersuchte besonders Familien- und Eigentumssysteme. Als Ergebnis seiner Arbeit zeichneten sich nicht die Umrisse einer Volkskultur jenseits der Institutionen von Staat und Kirche ab, sondern deren fundamentale Bedeutung für das alltägliche Leben der breiten englischen Bevölkerung. Er unterstrich die Rezeption von Recht und Glauben im Volk [45: MACFARLANE, Origins]. Aufgrund der Vielzahl unterschiedlicher Ansätze innerhalb der historischen Anthropologie fallen auch die Fragen und Ergebnisse der durch sie angeregten historischen Studien völlig unterschiedlich aus [107: WALZ, Hexenprozesse, 283–288].

Volkskultur in der jüngeren Forschung

Jüngere Erörterungen zu diesem Gegenstand gehen davon aus, dass von einer autonomen Volkskultur im Gegensatz zur institutionellen Vergesellschaftung der europäischen Gemeinwesen keine Rede sein könne. Aber selbst Autoren, die das zubilligen [74: THOMPSON, Society, 180–187], halten z. T. immer noch an der Entgegensetzung von „Herrschenden und Beherrschten" und an der Annahme der besonderen „Widerspenstigkeit" der Beherrschten fest, ja vertreten sogar die Forderung, der so definierten Gruppe müsse der Historiker in besonderer Weise seine Stimme leihen [61: SCHINDLER, Leute, 9–14; 35: HABERMAS, Einleitung, 8 f.].

1.2 Forschungszugriffe – Forschungsthemen – Fragestellungen

Die Forschung besitzt kein eigenes zentrales Publikationsorgan [vgl. jedoch die Zeitschrift „Historische Anthropologie" 1993–1999; 25: Forum]. Ausgaben oder Neuausgaben volkskundlicher Publikationen der 1920er und 1930er Jahre bleiben auf einzelne Fragen beschränkt [77: BECKER, Volkskunde; 92: HOFFMANN, Volkskunde]. Die historisch arbeitende Volkskunde hingegen hat seit den 1970er Jahren Studien zur Frühen Neuzeit vorgelegt [94: KRAMER, Volksleben; 68: SIEVERS, Fragestellungen; 245: MOHRMANN, Volksleben]. Publikationsprojekte wie Richard van Dülmens dreibändige Geschichte von „Kultur und Alltag in der frühen Neuzeit" [86] umfassen unterschiedliche Perspektiven [83: VAN DÜLMEN, Studien; 23: VAN DÜLMEN, Anthropologie]. Sammelbände zu einzelnen Fragen führen Anregungen der englischen, französischen und amerikanischen anthropologischen Forschung des 20. Jahrhunderts fort und konzentrieren sich auf ein einzelnes Territorium [84: VAN DÜLMEN, Kultur], bestimmte Probleme wie Ehre [252: SCHREINER/SCHWERHOFF, Ehre], Randgruppen [101: ROECK, Außenseiter; 231: JÜTTE, Poverty, 143–192] oder Kriminalität [85: VAN DÜLMEN, Theater; 224: BLAUERT/SCHWERHOFF, Waffen; 225: BLAUERT/SCHWERHOFF, Kriminalitätsgeschichte]. Kooperationen zwischen Geschichtswissenschaft und Volkskunde wie beispielsweise der bahnbrechende und in Methodenreflektion und Durchführung überragende Sammelband von Ernst Hinrichs und Günter Wiegelmann bleiben die Ausnahme [91: HINRICHS/WIEGELMANN, Wandel].

Interdisziplinäre Zusammenarbeit

Monographische Spezialforschung

Die große Mehrheit einschlägiger Monographien und Aufsätze entstand jedoch in den besonderen Forschungszusammenhängen der Sozial-, Alphabetisierungs-, Kirchen- und Frömmigkeitsgeschichte. Dazu zählen auch Studien zur Wahrnehmung von Bevölkerung und Volkskultur in Drucken und Beschreibungen [90: HAFTLMEIER-SEIFFERT, Bauerndarstellungen; 353: SCRIBNER, Sake].

Besondere Methodenprobleme

Quer zu diesen verschiedenen Genera stellen sich für die Erforschung der Volkskultur im Sinne der Partizipation der breiten Bevölkerung an der Kultur der ständischen Gesellschaft von vorneherein drei Probleme. Erstens gliederte sich die breite Bevölkerung unterhalb von Bürgern und Bauern in ganz unterschiedliche Gruppen der unterständischen Schichten, der Unterschichten und der von ihnen zu unterscheidenden Randgruppen. Die präzise Einordnung der in den Quellen auftauchenden Personen ist häufig nur durch mühsame prosopografische Rekonstruktion möglich, die nur von wenigen vorbildlichen Studien geleistet wird [88: FRANK, Gesellschaft; 168: DÜRR, Mägde]. Der Begriff Volk gerät so allzu leicht zu einer Residualkategorie, weil genauere Befunde über die handelnden Personen nicht erhoben werden. Zweitens lebte die breite Bevölkerung in direktem, alltäglichem Kontakt mit ihrer ständischen Umwelt. Die Geschichte der Kultur der unterstädischen Schichten ist, noch deutlicher als die Geschichte von Personengruppen mit eigener ständischer Qualität und den ihnen eigenen Statuszeichen und Lebensformen, daher ganz besonders die Geschichte der Interaktion zwischen Personen und Gruppen dieser Schichten und ihrer ständischen gegliederten Umwelt. Drittens wurden die Quellen über Unterschichten in der Regel von Bediensteten städtischer und ländlicher Magistrate geschrieben. Sie spiegeln daher ebensosehr die besonderen Interessen der Magistrate und ermöglichen nur mittelbar Aussagen über die Unterschichten selbst. Dennoch bleiben Protokolle und Akten von Gerichtshöfen und Akten der Armen-

Quellenkritik

verwaltung unverzichtbare Quellenbestände [120: HIPPEL, Armut, 107–111].

Dichotomischer Ansatz

Die Umformung der gestuften spätmittelalterlichen ständischen Herrschaftsordnung in die Polarität von Obrigkeit und Untertan [80: Blickle, Untertanen] und die bewaffneten Auseinandersetzungen zwischen Untertanen und Obrigkeit während der Reformation und im Bauernkrieg legten eine dichotomische Perspektive auf das Problem der Volkskultur nahe. Die Frage nach der inneren Differenzierung der Untertanen in Stadtbürger, Hofbauern, unterständische Schichten und Randgruppen trat in dieser dichotomischen Perspektive gegenüber der Annahme einer a priori bestehenden Interesseneinheit aller Untertanen zurück [78: BIERBRAUER, Freiheit; dazu kritisch: 102: SCRIBNER, Communalism, 556f.; 200: LANDOLT, Untertanenrevolten]. Der seit den 1970er Jahren von Peter Blickle erneut in die Debatte gebrachte Begriff „Kommunalismus" hat die Forschung zur Verfassungsgeschichte dörflicher Verhältnisse befruchtet, aber auch Forschungen zur Frömmigkeits- und Kirchengeschichte unter dieser dichotomischen Perspektive angeregt [206: SCHMIDT, Dorf; 198: FUHRMANN, Christenrecht]. Aber auch jüngere Forschungen zu bestimmten Krisenzeiten unterstreichen die kollektiven Erfahrungen des einfachen Volkes als geschlossener Gruppe [103: THEIBAULT, Life, 114–164].

Anleihen aus der afrikanischen Ethnologie

Auch Forschungen, die sich an Thesen und Begriffen der Anthropologie orientieren, teilen diese Konzeptualisierung des „Volkes" als homogener Gruppe der Untertanen. Der mit Arbeiten über das Verhältnis afrikanischer Bevölkerungen zur französischen Kolonialverwaltung hervorgetretene Ethnologe Gerd Spittler hat solche Modelle auf das Verhältnis untertäniger Bauern zur adligen Herrschaft im Alten Reich übertragen. Die innere Differenzierung der ländlichen Bevölkerung in rechtlicher und sozialer Hinsicht und ihre Rezeption der ständischen Kultur fand keine Berücksichtigung [104: SPITTLER, Herrschaft; 105: SPITTLER, Wissen].

Gerade im Hinblick auf diese den Begriffen „Volk" und „Untertanen" zugrunde liegenden Annahmen bestehen bemerkenswerte Differenzen zur englisch-sprachigen Forschung [353: SCRIBNER, Sake, 206–207]. Im ausgesprochenen Gegensatz zur älteren rechts- und institutionengeschichtlich ausgerichteten und um das vermeintliche soziale Substrat des „Bauerntums" organisierten älteren deutschen Forschung, deren Annahmen z.T. durch die Arbeiten zum „Kommunalismus" übernommen werden, war die englische und amerikanische Sozialgeschichte von vorneherein an der inneren Differenzierung der jeweiligen historischen Bevölkerungen interessiert. Methodisch trieben gerade

Amerikaner die detaillierte Untersuchung einzelner Ortschaften voran, um beispielsweise das Verhältnis von sozialer Differenzierung und Verwandtschaftsbeziehungen zu erörtern. David Warren Sabean gelang der Nachweis, dass selbst in kleinen württembergischen Dörfern schon vergleichsweise geringe Unterschiede in Besitz und Einkommen zur Entstehung von gegeneinander scharf durch Heirat, Patenwahl und Ämter unterschiedenen Gruppen führten [58: SABEAN, Power; 101: SABEAN, Kinship; 156: SABEAN, Landbesitz; 157: SABEAN, Background]. Umgekehrt bemühten sich Tagelöhnerfamilien der Residenzstadt des Fürstentums Oettingen um bürgerliche Paten für ihre Kinder [98: RAJKAY, Verflechtung, 98–103].

Modellbildung in der Forschung

Durch solche Vorbilder angeregte deutschsprachige Forschungen fragen nach der sozialen Differenzierung der breiten Bevölkerung und ermitteln erhebliche Unterschiede unter den unterständischen Schichten und zwischen ihnen und den Hofbauern. Michael Franks Studie zur Kriminalität in der Grafschaft Lippe orientiert sich beispielsweise an dem Modell des Volkskundlers Karl Sigismund Kramer, der in seiner „rechtlichen Volkskunde" das Spannungsverhältnis zwischen obrigkeitlicher und nachbarlicher Normierung thematisierte [95: KRAMER, Grundriß, 24, 70; 88: FRANK, Gesellschaft, 32]. Frank kombiniert diese Perspektive mit den Fragen des englischen Sozialhistorikers Keith Wrightson, der entgegengesetzte Konzepte sozialer Ordnung unter der einfachen Bevölkerung eines Dorfes in Essex untersucht hatte [109: WRIGHTSON, Concepts].

In diesem Zusammenhang wurde für Wrightson die Differenzierung der breiten Bevölkerung unterhalb von Adel, Stadtbürgertum und Hofbauern zu einem zentralen analytischen Ausgangspunkt und wirkte auch auf Franks Studie anregend [88: FRANK, Gesellschaft, 75–166].

Mobilitätsgrenzen im „Volk"

In der Tat deuten vereinzelte Befunde auf eine geringe soziale Mobilität zwischen Unterschichten einerseits und Hofbauern und Bürgern andererseits hin [162: WEISS, Bevölkerung, 125–159]. Auch die Signierfähigkeit spiegelt die Unterschiede zwischen Unterschichten einerseits und Bauern und Bürgern andererseits. Während rund vier von fünf Hofbauern in der Altmark um 1800 ihren Namen schreiben konnten, waren es nur drei Viertel aller Kossäten, und sogar nur die Hälfte der Tagelöhner und Schäfer. Bezeichnenderweise konnte nur jeder zweite Sohn eines Vollbauern, der nicht Erbe des väterlichen Hofes werden würde, seinen Namen schreiben, während unter den Hoferben vier von fünf ihren Namen schreiben konnten [421: WINNIGE, Unterschriften, 110–113].

Umgekehrt gibt es keinen Nachweis einer spezifischen Nähe der Unterschichten zu Straftaten und sozialer Schande [150: MAISCH, Unterhalt, 316]. Stadtbürger, Hofbauern und Unterschichten unterschieden sich im 16. und 17. Jahrhundert nicht darin, den Forderungen der Kirchen nach einem versittlichten Leben mehr oder weniger zu entsprechen [89: VON FRIEDEBURG, Frömmigkeitspraxis].

Unterschichtspezifische Delinquenz?

Der Frage nach der Bedeutung sozialer Differenzierung für kulturelle Praktiken liegen die Überlegungen von Bruce Lenman, V. A. C. Gatrell und Geoffrey Parker zu Grunde. Sie gingen davon aus, dass frühneuzeitliche Obrigkeiten in der Regel weder die Mittel noch die Möglichkeiten besaßen, Normen, die von der Bevölkerung strikt abgelehnt wurden, allein mit bezahlten Amtsträgern durchzusetzen. In Stadt und Land blieben selbst viele der vereidigten Amtsträger auf ein einvernehmliches Zusammenleben mit ihren Nachbarn angewiesen, so dass ihnen eine Durchsetzung obrigkeitlicher Normen gegen deren ausdrücklichen Widerstand riskant erscheinen musste [96: LENMAN/PARKER, State]. Eine Voraussetzung für die Durchsetzung neuer Normen gegen den Widerstand breiter Teile der Bevölkerung sei, dass mindestens eine bedeutende Minderheit der Bevölkerung zu einem Bündnis mit der Obrigkeit gegen ihre Nachbarn bereit sei. Zum einen müssten diese Einwohner die Ziele der Kirche oder der weltlichen Obrigkeit teilen. Zum anderen müssten sie sozial und wirtschaftlich unabhängig genug sein, um Repressalien ihrer Nachbarn nicht fürchten zu müssen. Das trifft beispielsweise auf die sich im Verlauf des 16. Jahrhunderts aus der dörflichen Bevölkerung von Essex herausschälenden wohlhabenderen Eigentümer-Farmer oder die wohlhabenderen Bauern in Franken zu, die zu ihren ärmeren Nachbarn neue, hierarchische soziale Beziehungen aufnahmen und dazu auch auf die Unterstützung von Kirche und Staat zurückgriffen. Kirche und Staat waren ihrerseits an Verbündeten vor Ort interessiert, um neue Formen der Kirchenzucht und Frömmigkeit durchzusetzen [99: ROBISHEAUX, Society; 109: WRIGHTSON, Concepts].

Soziale Differenzierung und Volkskultur

Solche Studien lösten die Kategorie „Volk“ in verschiedene soziale Gruppen auf und wandten sich der Untersuchung der Prozesse sozialen und kulturellen Wandels zu, der dann wiederum im Rahmen agrar-, kriminal- oder kirchengeschichtlicher Forschungen jeweils mit der Perspektive weiterverfolgt wurde, welche Interaktionen mit der Hochkultur welche Folgen für die breite Bevölkerung und ihre Gruppen zeitigten.

Auflösung des „Volkes“ als Forschungskategorie

Für alle diese Zugriffe besitzt die umfassende Regional- oder Lokalstudie eine überragende Rolle [vgl. 150: MAISCH, Unterhalt]. Im

Rolle von Regionalstudien

Gemenge der herrschaftlichen Interessen und Rechte der Häuser Waldburg und Habsburg operierend konnten beispielsweise einzelne Gemeinden im schwäbischen Reichskreis, ähnlich wie auch in Franken, Leistungen und Herrschaftsansprüche ihrer Herrschaften konterkarieren [110: ZÜRN, Waldburg; 93: HOFMANN, Freibauern]. Detailstudien über innere Konflikte solcher Gemeinden zeigen, dass aufgrund des dortigen besonderen Freiraums sich gegenseitig bekämpfende Gruppierungen entstanden sind. Die Illusion eines einheitlich und gegen die Obrigkeit geschlossen handelnden Volkes – die sich bei bestimmten Quellenlagen unvermeidlich herstellt – wurde vermieden. Die besondere Stärke kulturhistorischer Forschung, die Ansätze aus der Anthropologie aufnimmt, liegt darin, die Entstehung von Kohäsion und Handlungsfähigkeit unter ganz verschiedenen Gruppen der Untertanenbevölkerung zu untersuchen, anstatt deren Einheitlichkeit als Volk oder Bauern von vorneherein anzunehmen. Dieser Fragestellung widmet sich u. a. auch die Studien von Claudia Ulbrich, David Luebke und Thomas Robisheaux. Diesen Studien gelingt es, die Auseinandersetzungen zwischen den Gemeindebewohnern zu thematisieren und dabei die Rolle kultureller Praktiken bei der Herstellung sozialer Kohäsion zu untersuchen [99: ROBISHEAUX, Society; 97: LUEBKE, Majesties'; 106: ULBRICH, Shulamit].

Studien zum Innenleben von Gemeinden

2. Kultur der unterständischen Schichten als Volkskultur: Gemeindekultur – Sozialdisziplinierung – Gegenkultur

Zu den Konzepten, die eine Dichotomie von Staat und Volk bzw. Volkskultur als heuristische Annahme zu Grunde legen, zählen das der „Gemeindereformation", das der „Sozialdisziplinierung" und die Frage nach einer Gegenkultur des Volkes.

2.1 Gemeindekultur

Gemeindereformation

In der von Peter Blickle vertretenen Konzeption der Gemeindereformation steht das innerhalb der Gemeinden in „horizontalen Strukturen der Gleichwertigkeit" organisierte Volk als Subjekt seiner eigenen Reformation der Herrschaft gegenüber. In der „Sozialdisziplinierung" tritt die im frühmodernen Staat organisierte Herrschaft als Subjekt staatlicher Erziehung der Bevölkerung als mehr oder minder passivem Objekt gegenüber. Beide Perspektiven sind der älteren deutschen Verfassungs- und Institutionengeschichte verpflichtet. Das in Gemeinden organisierte und innerhalb dieser Gemeinden durch die Praxis der Selbstverwaltung organisierte Volk habe die Reform der Kirche im Hinblick auf Pfarrerwahl und Entscheidung theologischer Grundsatzfragen in direkter politischer Opposition zu den Fürsten in Gang gebracht [196: Blickle, Gemeindereformation, 24–74, 204–216]. Grundlegend bleibt hier die Annahme eines sozial wie kulturell homogenen Volkskörpers als sozialem Substrat der Gemeinden.

Volksfrömmigkeit

Rosi Fuhrmann ging, gestützt auf diese Annahme, den kirchenrechtlichen Befugnissen der Kirchgemeinden im schweizerischen Untersuchungsgebiet und ihrer Bedeutung für die Reformation der Kirche nach [198: Fuhrmann, Christenrecht, 14–31]. Hans von Rütte untersuchte die „deutlichen Bezüge der reformierten Theologie zur genossenschaftlich-kommunalen bäuerlichen Gesellschaft" [202: von Rütte, Frömmigkeit, 42]. Peter Bierbrauer wies auf die ländliche Herkunft reformatorischer Prediger während der Reformation ländlicher Schweizer Gemeinden hin [195: Bierbrauer, Prediger-Reformation, 77]. Heinrich Richard Schmidt untermauerte den Begriff der „Gemeindereformation" im Hinblick auf die Sittengerichte in Bern als Instrumente kommunaler Selbstregulation [204: Schmidt, Gemeinde-Reformation, 105–109]. Weil diese Studien die genossenschaftlich-kommunale Gleichheit der Menschen auf dem Lande voraussetzen, fragen sie nicht nach deren Konflikten untereinander oder nach deren Ausdruck in Reformation und Glaubenswandel.

Gruppenbildung, Konflikte und Volkskultur einer Republik

Demgegenüber unterstreicht die Studie des Amerikaners Randolph C. Head zur Republik von Graubünden den Zusammenhang ihrer Entstehung mit der Genese einer sozialen und politischen Führungsschicht. Besonders Beamtenfamilien, früher in Diensten des Bischofs, Kaufleute und wohlhabende bäuerliche Familien führten die einfache Bevölkerung gegen die Bischofsherrschaft an und suchten gegen diese Bevölkerung neue wirtschaftliche Belastungen durchzusetzen. Diesen Familien sei die Konsolidierung ihres Einflusses zu *quasi*-erblichem Einfluss gelungen. Ihre Macht ruhte gleichwohl auf Erfahrung und personalen Beziehungen, nicht auf Erbansprüchen. Fehden unter den führenden Familien gaben der einfachen Bevölkerung immer wieder die Möglichkeit, sich Vorteile zu verschaffen. Nachdem beispielsweise 1565 ein Bundestag Graubündens unter dem Einfluss pro-französischer Führungsfamilien ein Militärbündnis mit Frankreich beschlossen hatte, mobilisierte eine Gegengruppe unter dem Einfluss des spanischen Botschafters zweitausend bewaffnete Anhänger unter den einfachen Graubündnern, welche die Führer der gegnerischen pro-französischen Partei entführten, um sie zu richten. Head analysiert den Verlauf dieser Auseinandersetzungen zwischen den Klientelen diverser ausländischer Mächte, Mitgliedern der reichen führenden Familien und Anhängern unter der einfachen Bevölkerung. Dazu zählte auch der Prozess gegen ein Mitglied einer dieser führenden Familien, Georg von Beeli, im Jahre 1606. Head schildert die Rede des Angeklagten und den Abstimmungsprozess der einfachen Bürger. Heads Untersuchung dieser durch vielfältige Symbole und Zeichen strukturierten Machtkämpfe und der sie einrahmenden Kommunikationsprozesse, die sich zwischen Eliten und einfachen Landbewohnern, verfeindeten Familien und Klientelverbänden dieser Schweizer Republik abgespielt haben, zeigt ein Bild der bekanntesten Demokratie der Frühen Neuzeit, das sich kaum im Sinne eines Aufeinanderpralls bäuerlich-genossenschaftlicher Gemeinden mit ihrer Herrschaft nach dem Vorbild der älteren deutschen Verfassungs- und Volksgeschichte verstehen lässt [199: HEAD, Democracy, 67–79, 125–127, 180–183].

Rolle von Klienten und Patronen

Hexenverfolgung und Gemeindekultur

Eine andere der weiteren Forschung dringend bedürftige Manifestation der Gemeindekultur sind die „Verbündnisse" ländlicher Gemeinden zur Durchsetzung von Hexereianklagen. Der Wunsch nach Anklageerhebung gegen Nachbarn wegen Hexerei ist geradezu als Teil der verbliebenen Selbstbestimmungsrechte der ländlichen Gemeinden, als „Recht zur Emanzipation" von der Obrigkeit im Sinne selbständiger Willensbildung über gut und böse, gedeutet worden [201: MEILI, Hexen, 165]. Diese Willensbildung konnte bis in die genossenschaftliche Einung von Landbewohnern durch ein „pactum" reichen, durch das dem Willen der dadurch erneut als Rechtsperson konstituierten Gemeinde Nachdruck gerade auch gegenüber der Obrigkeit verschafft werden sollte. In Ansätzen entsprechen solche Institutionalisierungen von gemeindlichen Willensbildungsprozessen auf genossenschaftlicher Grundlage dem Phänomen, das Peter Blicke mit dem Begriff des „Kommunalismus" bezeichnet hat, also dem Streben ländlicher Gemeinden nach der Schaffung „kommunaler Administration, kommunaler Satzungshoheit und der kommunalen Gerichtsbarkeit" [196: BLICKLE, Gemeindereformation, 196 f.]. Während der kurtrierischen, sponheimischen, nassauischen und der durch Gemeinden des Saarraumes angezettelten Hexenprozesse zwischen dem Ende des 16. Jahrhunderts und den 1660er Jahren schlossen sich die Untertanen betroffener Gemeinden in „Verbündnissen" zusammen, um die Obrigkeit zur Aburteilung vermeintlicher Hexen unter den Nachbarn zu drängen oder zu zwingen. Im Herrschaftsgebiet von Zürich bemühten sich Bauern noch 1701 um diese Form gemeindlicher Willensbildung [201: MEILI, Hexen, 165; 203: RUMMEL, Bauern, 30f., 39, 319f.; 266: KOPPENHÖFER, Gesellschaft, 243; 269: LABOUVIE, Absage, 58].

2.2 *Sozialdisziplinierung – Kirchenzucht*

Zentrale Bedeutung der Fragestellung

Kaum eine Maßnahme frühneuzeitlicher Obrigkeit zur Ordnung des Gemeinwesens ist nicht als Sozialdisziplinierung gedeutet worden, so die Verfolgung von Hexen [273: MUSCHEMBLED, Sorcellerie], die Wirkung der Arbeitshäuser, der Gefängnisse, der Waisenhäuser und der Armenversorgung [127: MEUMANN, Findelkinder, 359–362; 136: SIEVERS/ZIMMERMANN, Elend, 73–89; 212: JÜTTE, Armenfürsorge, 340–345].

Forschungsgegenstände

Arbeitshäuser sollten Arbeit und Arbeitsdisziplin erzwingen. Die Kirchenzucht sollte in den protestantischen Territorien u.a. die Einheitlichkeit der Lehre sichern [214: MÜNCH, Zucht, 183]. Die öffentliche Bestrafung von Delinquenten wurde als Ausdruck wachsender Unterdrückung gedeutet [85: VAN DÜLMEN, Theater, 148f.].

Formen der Sozialdisziplinierung

Richard van Dülmen vermutet, an die Stelle der sozialen Kontrolle durch lokale Nachbarschaften, Bruderschaften, Zünfte und Gruppen sei zunehmend die Kontrolle durch den Staat getreten [86: VAN DÜLMEN, Alltag, Bd. 2, 280–284]. In der hier vorzustellenden Forschung werden die Fragen nach der Ahndung von Straftaten durch den weltlichen Staat, nach der Buße des Sünders in der Kirchenzucht und nach der umfassenden Normierung des Menschen im Gefolge säkularer Prozesse aufeinander bezogen [59: SCHILLING, Kirchenzucht, 41–48; 217: SCHNABEL-SCHÜLE, Territorialstaat]. Während der Schwerpunkt der Sozialdisziplinierungsforschung für das 18. Jahrhundert bei Gerichtswesen und Policey des Fürstenstaates liegt, konzentriert sich die Erforschung der Kirchenzucht auf das 16. und 17. Jahrhundert [59: SCHILLING, Kirchenzucht; 212: JÜTTE, Armenfürsorge; 231: JÜTTE, Poverty, 100–142].

Anliegen der Kirchenzucht

Es bleibt umstritten, ob das Anliegen der Kirchenzucht, die Versöhnung mit Gott und die Vorbereitung auf das Abendmahl, mit der weltlichen Bekämpfung von Verbrechen verknüpft werden sollte [207: BRECHT, Kirchenzucht; 208: BRECHT, Anfänge; 214: MÜNCH, Zucht, 183; 216: SCHILLING, Kirchenzucht; 217: SCHNABEL-SCHÜTE, Territorialstaat]. Unumstritten ist jedoch, dass wenigstens im Verlauf des 16. Jahrhunderts besonders die Kirchen nicht nur auf eine im Hinblick auf ihre Frömmigkeit und deren Ausdruck ausgesprochen heterogene Bevölkerung stießen. Sie blieben auch auf die Unterstützung der weltlichen Herrschaft angewiesen [219: SCHUCK, Theorien; 329: RUBLACK, Priester].

Befunde der Forschung

Die Probleme mit der Kirchenzucht gingen weniger auf die geschlossene Ablehnung der Bevölkerung, sondern auf die Heterogenität der Glaubensüberzeugungen und Frömmigkeitsstile zurück [208: BRECHT, Anfänge, 420]. Besonders fromme Gruppen beobachteten das Treiben ihrer Nachbarn mit Missfallen und suchten sich daher der landesherrlichen Kirche, in der sie gemeinsam ihre Religiösität leben sollten, zu entziehen. Hessische Täufer des 16. Jahrhunderts entzogen sich beispielsweise der Kirchenzucht nicht, um an der Volkskultur ihrer Gemeinden teilzuhaben, sondern um ihre Frömmigkeit unbelästigt von ihren gotteslästerlichen Nachbarn zu leben [207: BRECHT, Kirchenzucht, 43; 344: VON FRIEDEBURG, Untertanen].

Erfolge und Probleme der Kirchenzucht

Trotz aller Probleme festigte sich die lutherische Konfessionalisierung bis zum Beginn des 17. Jahrhunderts soweit, dass es gegen Versuche einer reformierten Konfessionalisierung vielfach zu energischem Widerstand kam [390: SCHILLING, Confessionalization]. Im Einflussbereich der Herzöge von Pfalz-Zweibrücken traf etwa das Bemühen der reformierten Kirche, Presbyter aus den Gemeinden für jene zu rekrutieren, auf Misstrauen und Spott der Gemeinden, denen zugleich die Bitte um bessere geistliche Versorgung mit Predigten usf. gegenüberstand. Widerstand setzten die Gemeinden danach nicht der Regelung des Kultus, sondern der obrigkeitlichen Instrumentalisierung der Kirche beispielsweise bei der Verlesung von Verordnungen zu Frondiensten von den Kanzeln entgegen. Die Bevölkerung wünschte in der Regel die Teilhabe an der Kirche, hielt jedoch an der Artikulation fundamentaler Interessendivergenzen zur Herrschaft fest [213: KONERSMANN, Kirchenregiment, 397–420, 664 f.]. Die konfessionell eingeübte Sozialkontrolle und über sie weitergegebene Informationen über Glaubenstatbestände des zeitgenössischen gelehrten Gesprächs über Hexen wird als zentraler Grund für die Bereitschaft der Unterschichten angeführt, ihre Nachbarn als Hexen zu denunzieren [218: SCHORMANN, Krieg, 176].

Kirchenzucht als Rezeptionsweg gelehrter Kultur

Geringe Wirkung des säkularen Obrigkeitsstaates

Eher skeptisch wird dagegen die Wirkung der beiden eigentlich klassischen Instrumente der Sozialdisziplinierung bewertet, die G. Oestreich bei der Prägung des Begriffs in erster Linie im Auge hatte. Dem preußischen Fürstenstaat und der Disziplinierung seiner Untertanen durch Schule und Armee galt keineswegs sein alleiniges Interesse, sie standen jedoch im Mittelpunkt seiner Veröffentlichungen [209: DILLMANN, Schule, 91–114]. Bereits um 1700 existierte in den Provinzen des Kurfürstentums Brandenburg ein ländliches Schulwesen, dessen Lehrer selbst aus Leinewebern rekrutiert wurden. Die Wirkung der Massnahmen der monarchischen Spitze wurden jedoch durch den Einfluss des Adels in den Patrimonialbezirken empfindlich eingeschränkt. W. Neugebauer schätzt den Einfluss der Schule auf die Schüler gering [6: NEUGEBAUER, Schule, 31–51, 72–77, 101, 105f.]. Die Wirkung des Militärdienstes wird dagegen unterschiedlich beurteilt. J. Kloosterhuis hat die entgegengesetzten Thesen Otto Büschs zum Ineinandergreifen von Militärssystem und Gutsherrschaft und Hans Bleckwenns zur Emanzipation der Bauern durch die Armee relativiert. Kloosterhuis konnte die enormen Unterschiede unter den Militärpflichtigen, von offener Renitenz bis hin zu ausgesprochener Loyalität, durch Unterschiede in der Lebensweise der betroffenen Unterschichten erklären. Die Betreiber der Scherenschleifereien an der Enneper Straße, die „Fabricanten“, wurden beispielsweise zunächst vor der Rekrutierung ihrer Arbeitskräfte durch die Armee geschützt. Nachdem sich dieser Schutz im Zuge des Heeresaufbaus unter Friedrich Wilhelm I. zunehmend auflöste, kam es zu regelrechten Aufständen der nun Pflichtigen gegen den neuen Zugriff des Staates. Wo keine die Lebensweise der Betroffenen berücksichtigende Regelung gefunden worden war oder im Einsatzfall mit Hilfe des Notstandsrechts Personen mehr oder minder willkürlich eingezogen wurden, suchten beispielsweise 1760 Kantonisten sogar Schutz vor der drohenden Einziehung bei der französischen Besatzungsarmee. Wo jedoch durch Regelungen im Rahmen der Rekrutierungspraxis solche Probleme gelöst worden waren, liegen Berichte über freiwillige Gestellung der Kantonisten bei Ausbruch des Siebenjährigen Krieges vor. Gegensätzliches Verhalten der Unterschichten gegenüber der Militärpflicht erklärte sich durch die Handhabung der Rekrutierung und durch die Lebensweisen. Daneben wandten sich Soldaten bei Konfliken mit den zivilen Gewalten, seien es Pfarrer, Grundherren oder Richter, um Unterstützung an ihre Offiziere [5: KLOOSTERHUIS, Bürger, XIV–XX].

Wirkung des Militärdienstes

Eine andere Perspektive vermittelt die Kombination lokal- und sozialhistorischer Vorgehensweisen mit der Frage nach der Sozialdisziplinierung. Michael Frank zeigt in seiner Studie über eine Gemeinde in der Grafschaft Lippe, dass vor allem das lokale Herrschaftspersonal kaum in der Lage war, sich gegen die lokale Gesellschaft durchzusetzen. Aufgrund seiner Perspektive kann er jedoch zugleich zeigen, dass diese lokale Gesellschaft den Bemühungen der Obrigkeit, ordnend einzugreifen, keinen geschlossenen Widerstand entgegensetzte. Bevölkerungswachstum und Zunahme der Unterschichten erwiesen sich in den Augen vieler Hofbauern als Bedrohungen, denen gerade auch mit Hilfe der Obrigkeit zu begegnen war. Frank verweist – ganz im Sinne von Lenman/Parker – auf die Bedeutung dieser Akzeptanz obrigkeitlicher Eingriffe für deren Erfolg. Frank spricht in diesem Zusammenhang von

Instrumentalisierung obrigkeitlicher Ziele durch die Unterschichten einem Wandel der sozialen Kontrolle „weg von der privaten, direkten und informellen hin zu einer öffentlichen, indirekten und bürokratisch bestimmten Form" [88: FRANK, Gesellschaft, 351–55]. Ähnliche Ergebnisse erzielte auch Mooser für das östliche Westfalen. Allerdings wurde im Hinblick auf seine Studie gefragt, inwieweit die durch die Agrarverfassung vorgebenen Hierarchien innerhalb der ländlichen Bevölkerung seiner ostwestfälischen Untersuchungsgebiete so ausgeprägt waren, dass die verschiedenen Bevölkerungsgruppen – ganz im Sinne der Thesen von Lenman/Gatrell/Parker – ohne auf lokale Solidaritäten Rücksicht zu nehmen, zu einer Kooperation mit der Obrigkeit in der Lage waren. Gegenüber den Bauern der ostwestfälischen Untersuchungsgebiete besaßen deren Heuerlinge nämlich kaum Möglichkeiten, einer Zusammenarbeit mit der Obrigkeit durch Repressalien zu begegnen. Demgegenüber stellte sich die Frage, ob in denjenigen Regionen Süd- und Südwestdeutschlands, in denen ärmere und wohlhabendere Gruppen in der Bevölkerung durch geringere Rechts- und Einkommensunterschiede voneinander abgegrenzt waren als in Ostwestfalen, nicht auch ein geringerer Einfluss der Obrigkeit vermutet werden müsse [151: MOOSER, Klassengesellschaft; 219: SCHUCK, Theorien]. Auch für den süddeutschen Raum liegen jedoch Befunde über die selektive Instrumentalisierung reformatorischer Ehezucht durch wohlhabendere Bauern zur Disziplinierung der Unterschichten und über ausgesprochene „Vetterles-Wirtschaft" wohlhabender Familienverbände zuungunsten ihrer ärmeren Nachbarn vor [99: ROBISHEAUX, Society, 128–132; 157: SABEAN, Background].

Bedeutung der Agrarverfassung

Nachbarschaft und Sozialstruktur

Frank zeigt weiter, dass besonders diejenigen ländlichen unterständischen Schichten, die trotz ihrer Armut noch über eigenes Haus und Parzelle verfügten, am häufigsten vor den Gerichten durch die Bauern angeklagt wurden. Er vermutet, dass diese Landarmen im Gegensatz zur zahlenmäßig stärkeren Gruppe der ganz landlosen Einlieger, die von ihren Vermietern auch mit persönlichem Druck unter Kontrolle gehalten werden konnten, bei Auseinandersetzungen mit den Bauern nur mehr durch den Gang zum Gericht, also den Schulterschluss mit der Obrigkeit, zu disziplinieren waren. Diese These wird durch Befunde aus anderen Gegenden Deutschlands gestützt [88: FRANK, Gesellschaft, 354; 144: VON FRIEDEBURG, Reiche]. Gegenüber dieser symbiotischen Wirkung obrigkeitlichen Ordnungswillens mit den besonderen Interessen einzelner Gruppen innerhalb der lokalen Bevölkerung, die zur Umsetzung obrigkeitlicher Maßnahmen vor Ort bereit und in der Lage waren, werden die Wirkungen der Sozialdisziplinierung, wo sie alleine auf der Durchsetzungsfähigkeit obrigkeitlicher

Verordnungen beruhte, eher skeptisch bewertet [175: MEUMANN, Findelkinder, 360].

Angesichts der methodischen Probleme, Erfolge obrigkeitlicher Disziplinierung nachzuweisen, bleibt es häufig bei einer Konzentration auf die Mandate der Obrigkeit und dem Hinweis, von einer Durchsetzung dieser Mandate könne nicht generell ausgegangen werden [212: JÜTTE, Armenfürsorge, 340–345]. Allerdings ist auch zu fragen, ob ein heuristisches Konzept wie das der Sozialdisziplinierung durch eine zu enge Operationalisierung, etwa im Sinne nachweisbarer Verhaltensveränderung, nicht an aufschließender Kraft verlöre [in diesem Sinne kritisch gegen 211: VON FRIEDEBURG, Sozialdisziplinierung siehe 219: SCHUCK, Theorien, 58].

Methodenprobleme und Fragestellung

Sofern überhaupt eine Bewertung der Erfolge und Misserfolge der Kirchenzucht und Sozialdisziplinierung möglich ist, scheint vor allem das Ineinandergreifen obrigkeitlicher Initiativen einerseits *und* lokaler Interessen andererseits eine Vorbedingung der Durchsetzung neuer Normen gewesen zu sein. Reform von „oben“ und Wandlungen „vor Ort“ mussten sich ergänzen [44: LOTTES, Volkskultur, 241; 61: SCHINDLER, Leute, 259].

Der Schwerpunkt der Forschung zur Sozialdisziplinierung hat sich daher von der Frage nach der obrigkeitlichen Reglementierung sui generis zur Frage des Wandels sozialer Kontrollen im weiteren Sinne und nach der Interaktion verschiedener Gruppierungen innerhalb einer Gesellschaft gewandelt [43: LOTTES, Disziplin, 65–68]. Die Tatsache, dass die Quellen zur Kirchenzucht die Abweichung von der Norm, nicht deren Befolgung, registrieren, hat möglicherweise die tatsächlichen Erfolge in der Regulierung des Glaubenslebens in den Kirchen verdunkelt [siehe zum 18. Jahrhundert dagegen 89: VON FRIEDEBURG, Frömmigkeitspraxis]. Allerdings stellt sich auch die Frage einer inneren Entleerung der Kirchenzucht, beispielsweise durch die Ablösung von Sünden mit Geld [217: SCHNABEL-SCHÜLE, Territorialstaat].

Perspektivwechsel der Forschung

2.3 *Gegenkultur – Kriminalität*

R. v. Dülmen beschreibt Verhaltensweisen der breiten Bevölkerung bei öffentlichen Hinrichtungen als Teil einer Gegenkultur, beispielsweise durch Eingriffe zugunsten des Delinquenten [85: VAN DÜLMEN, Theater, 148–160]. Gerichtsprotokolle erwiesen sich als besonders wichtige Quelle, um einer Fülle unterschiedlicher Fragen, von der Ehre bis zu den Beziehungen der Geschlechter, nachzugehen [223: BLAUERT/SCHWERHOFF, Vorbemerkung, 9–15; 307: RUBLACK, Crimes, 255–59].

Delinquenz und Gegenkultur

Feld- und Waldfrevel sowie städtische Diebstahls- und Gewaltkriminalität wurden nach Alters- und Sozialgruppen, nach Wohnbezirken und Zeitpunkt untersucht [88: FRANK, Gesellschaft, 219–213, 289–294; 138: SCHWERHOFF, Köln, 182–205; 246: MÜLLER-WIRTHMANN, Raufhändel, 80–81]. Die Beschäftigung mit diesen Delikten sollte z.T. Erkenntnisse über die „Normalität des Alltags" [223: BLAUERT/SCHWERHOFF, Vorbemerkung, 11] liefern. Diebstahl mochte aus schierer Not begangen worden sein [307: RUBLACK, Crimes, 92–119]. Feld- und Forstfrevel wurden von der ländlichen Bevölkerung als legitime Aneignung von Ressourcen verstanden, welche die Herrschaft ihr unrechtmäßig entzogen hatte. Besonders die Wälder wurden in diesem Sinne während des gesamten 17. und 18. Jahrhunderts in dem Maße zur umstrittenen Ressource zwischen Obrigkeit und ländlicher Bevölkerung, als die Obrigkeit versuchte, diese unter ihre Kontrolle zu bringen [228: DIPPER, Geschichte]. Es kam jedoch ebenso zu gerichtlich ausgetragenen Auseinandersetzungen zwischen Bauern und Unterschichten, die sich gegen die Vereinnahmung gemeindlichen Landes durch die Bauern wehrten [144: VON FRIEDEBURG, Reiche; 228: DIPPER, Geschichte].

Randgruppen

Räuber

Von Feld- und Forstfreveln bzw. Diebstählen durch ländliche und städtische residente oder in Dienst befindliche Angehörige der Unterschichten sind diejenigen Personengruppen zu unterscheiden, die sich mehr oder minder regelmäßig mit Diebstahl oder schwerer Kriminalität durchzuschlagen suchten. Unstrittig entstand seit dem Spätmittelalter in der Vorstellungswelt der Zeitgenossen eine gefürchtete Gegenwelt der Diebe und Gauner. Zum Topos dieser Gegenwelt gehörte das Stereotyp des raubenden Bettlers und einer Gesellschaft der Rechtsbrecher und Sünder. Solche Stereotype prägten auch die Armen- und Bettelordnungen der Frühen Neuzeit. Sie unterschieden zwischen hilfebedürftiger Armut und zu kriminalisierendem Bettel [61: SCHINDLER, Leute, 262–66, 215–257; 226: BRÄUER, Rat, 41–83; 230: JÜTTE, Prototyp; 231: JÜTTE, Poverty, 8–20].

Soldaten

Einmütigkeit besteht auch darin, in dem besonderen Problem größerer Gruppen entlassener Soldaten während oder nach dem Ende eines Krieges [229: FRANKE, Schinderhannes, 309; 236: SPICKERBECK, Räuber] und im Zuge des Bevölkerungswachstums einen zentralen Grund für die Zunahme erwerbsloser vagierender Gruppen zu vermuten, aus denen sich wiederum Räuber und Diebe rekrutierten. Unstrittig ist schließlich der Tatbestand, dass besonders die herrschaftliche Kleinräumigkeit weiter Gebiete im Reich südlich der Mainlinie – vor allem im oberrheinischen, schwäbischen und fränkischen Reichskreis – das Bestehen größerer Räuberbanden über einen längeren Zeitrum ermöglicht und gefördert hat. Diese sind also weniger als Merkmal einer Gegenkultur, denn als eine Folge besonderer verfassungsrechtlicher Bedingungen in diesem äußerst zersplitterten Teil des Reiches zu verstehen [222: BLAUERT, Sackgreifer, 85 f.; 234: KÜTHER, Räuber, 41].

Gegenkultur der Randgruppen?

Strittig ist bis heute, ob eine homogene Gegenkultur dieser Gruppierungen bestanden hat. Strittig ist auch, ob es einen sozialen oder mentalen Zusammenhang zwischen Räubern, vagierenden Gruppen und sesshaften Unterschichten gegeben hat, wie von der älteren Forschung angenommen [227: DANKER, Räuberbanden, 302–309, 474–494]. Sie ging davon aus, „der Nährboden", aus dem sich das Gauner- und Bettlerwesen mit vermeintlich eigenen Lebensweisen und einer eigenen Kultur speise, sei „die Landstraße, ihre Wurzeln sind das Fahrende Volk" [221: BETTENHÄUSER, Räuber- und Gaunerbanden, 285]. Jüngere Arbeiten [233: KOPECNY, Fahrende] haben diese Vorstellung, allerdings unter radikaler Neubewertung des vermeintlichen Sachverhalts, z. T. übernommen. So sehr literarische und genre-spezifische Stereotype, die einen derartigen Zusammenhang nahe legen, Einfluss auf Gesetzgebung, Herrschaftspraxis und gesellschaftliche Mentalität nahmen, sagen sie über die tatsächliche Existenz einer solchen Gegenkultur noch nichts. Untersuchungen zu Räuber- und Diebesbanden haben an Hand der Geheimsprachen wie dem Rotwelsch die These einer Gegenkultur – mit Einschränkungen – vertreten. Schon bei den Bettlern und vagierenden Gruppen überwiegen jedoch die Befunde, die, von dem Phänomen der „Bettlerhochzeit" einmal abgesehen, die These einer eigenen Kultur nicht stützen [226: BRÄUER, Rat, 84–104]. Auch ein weiter Kulturbegriff als „Differenz von Eliten- und Volkskultur" im Sinne von „Polen eines gesellschaftlichen Spannungsfeldes" [61: SCHINDLER, Leute, 13, 274–300] kann an diesem Tatbestand wenig ändern. Das materielle Elend und die Folgen von Flucht und Gefahr wirkten sich bei Bettlern und Räubern bis in den Bereich der persönlichen Beziehungen aus. In den Verhörprotokollen klingt in der Regel das Eingeständnis in den schieren Wunsch, durch Straftaten zu Geld zu kommen, ebenso an wie die Not zu Beginn der kriminellen Karriere, der Wunsch nach einer sesshaften Existenz und die Bereitschaft, sich den Normen der ständischen Gesellschaft schließlich zu unterwerfen, keineswegs jedoch die emphatische Verteidigung einer eigenen Gegenkultur [61: SCHINDLER, Leute, 295; 226: BRÄUER, Rat, 95; 227: DANKER, Räuberbanden, 267 f.; 235: PREUSS/DIETRICH, Bericht, 167; 236: SPICKER-BECK, Räuber, 156 f.; 244: KÜTHER, Menschen, 79]. Merkmale wie die durch die Umstände der Verfolgung erzwungene Unstetigkeit

Literarische Stereotype

Befunde aus Verhören

Persönliche Beziehungen unter Räubern

persönlicher Beziehungen wurden vereinzelt zu Signen einer intendierten Gegenkultur aufgewertet [233: KOPECNY, Fahrende, 139–148], diese Tendenz traf jedoch auf berechtigte Kritik [120: HIPPEL, Armut, 35f.]. Über die Hälfte der in Celle und Dresden um 1700 verhörten Räuber waren nur rund zwei Jahre Räuber gewesen, bis sie gefasst wurden. Nur eine Minderheit führte über fünf und mehr Jahre ein Räuberdasein, ein weiterer Befund, der gegen die Möglichkeit einer in sich konsistenten Gegenkultur spricht [227: DANKER, Räuberbanden, 257–266].

Spezifische Formen der Geselligkeit

Andererseits liegen Befunde über Aspekte der Geselligkeit unter vagierenden Unterschichten und Räubern vor, etwa über „Gaunerhochzeiten", in deren Rahmen die Werte der ständischen Gesellschaft bewusst karikiert wurden. Aus der Weitergabe von Techniken des Überlebens auf der Straße und des Raubens lässt sich auf ein eigenes Informations- und Sozialisationssystem schließen, zu dem vagierende Personen stoßen konnten, ohne dass die Quellenlage allzu eindeutige Befunde erlaubt [244: KÜTHER, Menschen, 78, 102f.]. Über mehrere Jahre wirkende und überregional operierende Banden blieben die Ausnahme [234: KÜTHER, Räuber, 32f.]. Überwiegend blieben auch die Erträge des Raubes so niedrig, dass viele Räuber nicht in erster Linie vom Raub leben konnten. Trotz der Diskontinuität der Räuberbanden als Personengruppen bestand ein eigenes Informationsmilieu mit seinen eigenen Selbststilisierungen. Diesen stehen wiederum Berichte von Inhaftierten über ihre soziale Isolierung, auch innerhalb der Gruppe der Mittäter, ihren Wunsch nach Wiedereingliederung in die Gesellschaft und ihre Furcht vor Bestrafung und vor der Feindseligkeit der einfachen Bevölkerung [227: DANKER, Räuberbanden, 257–66, 236: SPICKER-BECK, Räuber, 192–195] gegenüber.

Räuber und Unterschichten

Überdies rekrutierten sich zwar die Räuber nicht zuletzt aus den vagierenden Gruppen und diese wiederum aus den Unterschichten – auch die direkte Rekrutierung ohne solche Umwege kam vor [244: KÜTHER, Menschen, 15–19, 88–89] – daraus darf jedoch weder auf die mentale noch soziale Nähe von unterständischen Schichten, Vagierenden und Räubern geschlossen werden, deren Opfer gerade die sesshaften Unterschichten selbst wurden. Die Grausamkeiten, mit denen organisierte Banden ihren Opfern Informationen über das Versteck ihrer Habe abzuzwingen suchten, trug sicherlich zu dem insgesamt feindseligen Verhältnis zwischen den sesshaften Unterschichten und den Räubern bei. Zu Hilfe eilende Nachbarn bekämpften im Rahmen ihrer Möglichkeiten die Räuber vor Ort und riefen die Obrigkeit um Hilfe [234: KÜTHER, Räuber, 36]. Schließlich ist zu berücksichtigen, dass manche tatsächlichen oder vermeintlichen Merkmale von Räubergruppen, z.B. ihre Judenfeindlichkeit, den Räubern in der Flugblattpublizistik zugeschrieben oder angedichtet wurden, um die zu verkaufende Geschichte interessanter zu machen [229: FRANKE, Schinderhannes, 308 f.].

3. „Ehre“ und „Unehrlichkeit“

Ehre und gesellschaftliche Teilhabe

In der ständischen Gesellschaft wurden Eigentums- und Rechtsansprüche auf Leistungen der Gesellschaft im weitesten Sinne an den Rechtsstatus einer Person geknüpft. Das galt auch für die verschiedenen Personengruppen der unterständischen Schichten. Zwar konnten sie nicht, wie Bürger oder Adlige, aufgrund ihrer Standeszugehörigkeit Rechtsansprüche zur Teilhabe an Herrschaft im engeren Sinne justitiabel machen. Aber zum einen setzte die Aufnahme in privilegierte Korporationen wie die der Zünfte in der Regel den Status der „Ehrlichkeit“ voraus [180: SCHWARZ, Lage, 247–258]. Zum anderen stellte die Anerkennung der eigenen „Ehre“ durch die soziale Umwelt im weitesten Sinne die Voraussetzung dafür dar, z. T. existentielle Ansprüche an diese soziale Umgebung geltend machen zu können. Der Ausschluss einer Person vom Zugang zu den Zünften, aber auch von anderen Ressourcen der Gesellschaft aufgrund der eigenen „Unehrlichkeit“, spielte daher im Verlauf der Frühen Neuzeit eine wachsende Rolle. Die Lebenschancen der Unterschichten in der ständischen Gesellschaft wurden durch die Verteidigung oder den Verlust von „Ehre“ entscheidend beeinflusst. Das galt auch, wenn zwischen Personen, die aufgrund ihrer Geburt und Tätigkeit zunächst einmal als „ehrlich“ gelten konnten, Auseinandersetzungen über Verhaltensweisen auftraten, die eine der beiden Seiten als „unehrlich“ verunglimpfte. Da in der frühneuzeitlichen Gesellschaft die persönliche Reputation und die damit zusammenhängende Fähigkeit zur Kommunikation und Kooperation eine entscheidende Voraussetzung zur Bewältigung des Alltags war, mussten solche Vorwürfe zu Konflikten um die „Ehre“ führen. „Ehre“ wies ihre Träger als Personen aus, die den Gesetzen der Gesellschaft entsprechend lebten und daher Anspruch auf deren Schutz und Aufnahme erheben konnten. In diesem weiten Sinne verteidigten Mägde [168: DÜRR, Mägde, 170–184] ihre Ehre ebenso wie Angehörige anderer sozialer Gruppierungen, bei Verteilungskämpfen ebenso wie bei Rangstreitigkeiten. Die Ehre blieb zugleich ein einigender Normhorizont der Mitglieder der ständischen Gesellschaft und also auch der unterständischen Schichten [106: ULBRICH,

Konsequenzen der „Unehrlichkeit“

Shulamit, 285–288; 159: SCHNYDER-BURGHARTZ, Alltag, 158 f.; 246: MÜLLER-WIRTHMANN, Raufhändel, 80 f.]. Ehrkonflikte spielten daher eine zentrale Rolle für die Selbstpositionierung in Nachbarschaft und sozialer Umwelt und damit für das Zusammenleben in den gar nicht oder nur in geringem Maße anonym organisierten Dörfern und Städten. Daher erklärt sich die Fülle der vor städtischen und ländlichen Niedergerichten gelangten Streitigkeiten um „Ehre" und „Unehrlichkeit", die im Hinblick auf die Bestimmung angemessenen Verhaltens der Geschlechter, der Aus- und Eingrenzung von Personen und dem Bezug zu Recht, Wirtschaft und Religion untersucht wurden [238: BACKMANN, Ehrkonzepte; 252: SCHREINER/SCHWERHOFF, Ehre].

Ehrkonflikte

Definitionen von „Ehre"

Eine generelle Definition von „Ehre" steht aus und wird z. T. als problematische Einengung für die künftige Forschung verworfen [237: BACKMANN/KÜNAST, Einführung, 15–23; 251: SCHREINER/SCHWERHOFF, Überlegungen, 4–9]. Angesichts der Spannbreite möglicher Bedeutungen haben sich unterschiedliche Zugriffe entwickelt. Ehrkonflikte wurden zunächst in der Handwerks- und der Gewerbegeschichte oder im Rahmen disziplinspezifischer Traditionen, wie der Volkskunde, untersucht [180: SCHWARZ, Lage, 319–388; 245: MOHRMANN, Volksleben, 218–239]. Es folgten Versuche, Anschluss an soziologische Theorien gesellschaftlichen Wandels zu finden [242: GRIESSINGER, Kapital, 451]. Eine Ordnung der verschiedenen Ehrkonflikte nach Zeitverlauf oder Kontext ist nicht in Sicht [237: BACKMANN/KÜNAST, Einführung, 15]. Unstrittig erhielten im Zuge der Überbesetzung der Zünfte und Gewerbe Ehrkonflikte eine besondere Bedeutung für die Regelung des Zugangs zu den begehrten Zunftplätzen [120: HIPPEL, Armut, 77 f.].

Ehrkonflikte

Verschiede Ebenen von Ehrkonflikten

Als konfliktreich erwies sich nicht nur das Verhältnis zwischen Personengruppen innerhalb der breiten Bevölkerung, deren Grad an Ehrlichkeit bzw. Unehrlichkeit in den Augen ihrer Umgebung nicht eindeutig geregelt war. Suchten beispielsweise die Kinder von Eltern aus „unehrlichen" Gewerben oder Personen, die selbst eine „unehrliche" Tätigkeit ausgeübt hatten, von der Obrigkeit die Erlaubnis zur Aufnahme in ein „ehrliches" Gewerbe zu erhalten, traf dies häufig auf den erbitterten Widerstand der betroffenen Zunft. Ebenso konnte die geschlechtsspezifische Stigmatisierung bestimmter Verhaltensweisen, beispielsweise des Alkoholkonsums, im Rahmen von Ehrkonflikten thematisiert werden [248: NOWOSADTKO, Standesgrenzen, 167 f.; 254: STUART, Boundaries; 311: TLUSTY, Gender]. Die Forschung hat jedoch auch auf Ehrkonflikte unter zünftig und quasizünftig organisierten Gruppen – wie Landsknechten – hingewiesen. Soldaten des Schmalkaldischen Bundes, die durch eine katholische Übermacht entwaffnet und

Korporative Ehre

vor ihrer Entlassung aus der Gefangenschaft zum eidlichen Verzicht auf die Fortsetzung des Kampfes gezwungen worden waren, bescheinigte nach ihrer Entlassung aus der Gefangenschaft und ihrer Rückkehr beispielsweise ein eigens aus Hauptleuten, aber auch aus gemeinen Knechten gewählter Ausschuss, dass sich angesichts der Umstände weder aus der Tatsache ihres eidlichen Verzichtes noch aus dem Bruch dieses Eides bei Fortführung des Kampfes ein Verlust ihrer Ehre herleiten lasse und sie daher weiter an den Kämpfen auf evangelischer Seite teilnehmen könnten [182: BAUMANN, Landsknechte, 119].

Ehre und lokale Öffentlichkeit

Vor allem hat die Forschung Ehrkonflikte zwischen Personen thematisiert, die rechtlich zur Gruppe der Ehrlichen zählten, zwischen denen es jedoch zu Konflikten gekommen war, in deren Folge eine Seite der anderen ehrabsprechende Vorwürfe gemacht hatte, deren Folgen die Betroffenen abwehren wollten. Michael Frank weist auf die Bedeutung der lokalen Öffentlichkeit für solche Auseinandersetzungen um „Ehre“ hin. Beschimpften sich Angehörige der einfachen Bevölkerung beispielsweise als Schelm oder Dieb oder wurde die Ehre von Frauen im Hinblick auf ihre vermeintlichen sexuellen Kontakte verletzt, mussten sich die Betroffenen nicht zuletzt dann verteidigen, wenn solche Vorwürfe vor Zeugen gemacht und nun zu einem Bestandteil des öffentlichen Urteils über sie zu werden drohten [88: FRANK, Gesellschaft, 323]. Fast jeder fünfte Prozess vor dem lokalen Gorgericht Heiden wurde, rechnet man die häufig im Rahmen von Ehrkonflikten stehenden Gewaltdelikte hinzu, wegen solcher Konflikte um „Ehre“ ausgetragen. Streitgegenstände waren sexuelle Verunglimpfungen, Hexerei- und Zaubervorwürfe, die Beschimpfung einer Person mit Tiernamen, die Bezichtigung wegen Diebstahls, die Zuordnung zu einer religiösen oder ethnischen Gruppe, die nicht der christlichen ehrbaren Bevölkerung angehörte – „Juden“, „Mohren“, „Zigeuner“, „Türken“ – und die Zuordnung zu Gruppen innerhalb der christlichen Gesellschaft, die ihre Ehrbarkeit durch ihr Verhalten verwirkt hatten – Mörder, Bettler, Aufköcher, Trinker usf. [241: FRANK, Ehre, 325; 246: MÜLLER-WIRTHMANN, Raufhändel, 79–81].

Ehrkonflikte unter ständisch Ungleichen

Neben diese verbalen Auseinandersetzungen unter Ranggleichen traten anonyme Schmähungen gegen die Obrigkeit. Solche Angriffe wurden von der Obrigkeit ernst genug genommen, um sie im Rahmen der peinlichen Gerichtsbarkeit zu verfolgen, also wesentlich schwerer als die verbalen Auseinandersetzungen innerhalb der einfachen Bevölkerung [249: RUBLACK, Anschläge, 386]. Schließlich ist auf die vielfältigen Abstufungen unter den Ehrlosen hingewiesen worden. Spielleute und Stadtmusikanten wurden in ihrem sozialen Umgang durch ihre

Ehrlosigkeit nicht überall behindert, Soldaten und Fremde jedoch häufig schon [245: MOHRMANN, Volksleben, 221 f.].

Zugleich hat die Forschung zu Recht betont, dass auch jenseits konjunktur- und gewerbegeschichtlicher Entwicklungen die Ehre in vielerlei Kontexten eine zentrale Rolle bei der Selbstverständigung der frühneuzeitlichen Gesellschaft spielte. Mit Bezug auf Otto Brunner weist Peter Schuster [256: SCHUSTER, Ehre, 61–63; s.a. 245: MOHRMANN, Volksleben, 219] darauf hin, dass im mittelalterlichen Denken Ehre und subjektiver Rechtsanspruch eng verbunden blieben und ein Verlust der Ehre auch den Verlust von potenziellen, wenngleich noch nicht realisierten, Rechtsansprüchen nach sich ziehen konnte. Ehre war im Spätmittelalter die umfassendere Kategorie für Begriffe wie „Recht, Nutzen, Freiheit und Stand". Unterschiede in Macht und Herrschaft wurden innerhalb der Stadtgemeinden in Termini der differierenden Ehre der patrizischen Geschlechter gegenüber dem Volk gefasst. Gegenüber der Ehre als „offensivem Instrument" zur Formulierung von Rechts- und Herrschaftsansprüchen insbesondere durch Adel und Stadtpatriziat sei die Ehre im Verlauf der Frühen Neuzeit zum defensiven Instrument von Zünften und Korporationen, aber auch von Adelsgruppen geworden [256: SCHUSTER, Ehre, 47–53].

Wandel der Ehrkonflikte

Unehrlichkeit in der Frühen Neuzeit

Während vor der Überschätzung der Kategorie „Unehrlichkeit" für das Mittelalter gewarnt worden ist [255: SCHUBERT, Randgruppen, 296], sind sich die meisten Frühneuzeithistoriker darin einig, daß die Abgrenzung gegenüber vermeintlich unehrlichen Personengruppen eher eine wachsende Rolle spielte. Die Ehrenstrafen nahmen zu und die Unehrlichkeit bestimmter Berufszweige gewann an Bedeutung oder entstand überhaupt neu [251: SCHREINER/SCHWERHOFF, Überlegungen, 5, 8; 256: SCHUSTER, Ehre, 61].

Gruppen unehrlicher Personen

R. van Dülmen unterscheidet drei Gruppen unehrlicher Personen, nämlich Mitglieder unehrlicher Gewerbe (Schäfer, Gerber, Leinenweber usf.), öffentliche, aber niedrige Dienste (Totengräber, Scharfrichter), schließlich Spielleute, Musikanten usf. [81: VAN DÜLMEN, Mensch, 111]. Dabei wurden von den Zeitgenossen unterschiedlich scharfe Abgrenzungen zu unehrlichen Personengruppen gezogen, die beispielsweise im Hinblick auf die Scharfrichter bis hin zur Verweigerung gemeinsamer Nahrungsaufnahme [81: VAN DÜLMEN, Mensch, 125 f.] reichen konnten. Er beschreibt die vielfachen inneren Unterschiede und Abstufungen von Unehrlichkeit, stellt die Problemlage in den Kontext von „Ausgrenzung" [87: VAN DÜLMEN, Arbeit, 106] und kennzeichnet die Begriffe „ehrlich" und „unehrlich" nicht im Kontext von Rechtsansprüchen vor ihrer Verrechtlichung, sondern als „sozial-mentale Kategorie“. Er begründet dies damit, neben handwerklicher Qualitätsarbeit seien auch Frömmigkeit und sittlicher Charakter Voraussetzung für Ehrlichkeit gewesen [87: VAN DÜLMEN, Arbeit, 108].

Ausgrenzung und Unehrlichkeit

So unstrittig dies ist, so muss offen bleiben, ob sich mit Bezug auf das Kategoriensystem einer ständischen Gesellschaft, deren Höchstwert die rechte christliche Lehre blieb, formalisierte Rechtsansprüche als sachliche Kategorie von Rechtgläubigkeit als „sozial-mentaler“ Kategorie in dieser Weise unterscheiden lassen. Für die Auffassung van Dülmens spricht freilich, dass, wie er zeigen kann, gerade im Prozess der Abgrenzung gegen vermeintlich unehrliche Personengruppen die Ehrlichkeit der eigenen Gruppe zu allererst eingegrenzt und definiert wurde [87: VAN DÜLMEN, Arbeit, 109].

Abstufungen in Ehrkonzepten

Der entehrende Aspekt der Beschimpfung als „Jude“, „Türke“, „Dieb“, „Dirne“ usf. zeigt auf die Bedeutung hin, die Rechtgläubigkeit im umfassenden Sinne für die Anerkennung einer Person als Angehöriger der ständischen Gesellschaft besaß [15: WUNDER, Iusticia; 89: VON FRIEDEBURG, Frömmigkeitspraxis]. Es weist auch auf die feinen Abstufungen hin, zu denen es bei Konfliken innerhalb der einfachen Bevölkerung kommen konnte. Daneben betont die Forschung die geschlechtsspezifische Dimension von Ehrkonflikten [284: DINGES, Ehre] und weist auf die besonderen Ehrkonflikte zwischen Juden und Christen hin, bei denen beispielsweise bäuerliches Gesinde Juden beschimpft und mit Steinen beworfen hat [257: ULLMANN, Kontakte, 298–300, 309f.]. Insgesamt dokumentieren die verschiedenen Forschungsstränge die Teilhabe der breiten Bevölkerung an den distinguierenden Kategorien der ständischen Gesellschaft und ihre Bereitschaft, diese in Konflikten vor Ort in ihrem Sinne und gegen ihre Nachbarn einzusetzen.

4. Hexenforschung

Problem der Teilhabe

Neben der Forschung zum Problem „Ehre“ zeigen auch die Anklagen gegen Hexen, in welcher spezifischen Weise die breite Bevölkerung an Diskussionen der Hochkultur partizipierte oder diese für sich einsetzte. Hexenprozesse wurden als Form der Sozialdisziplinierung [273: MUCHEMBLED, Sorcellerie], als Ausdruck einer Abwehrhaltung der Unterschichten gegenüber der Kultur der Obrigkeit [264: HÖRGER, Aspekte], als Folge frömmigkeitsgeschichtlicher Auswirkungen der „kleinen Eiszeit“ [325: LEHMANN, Auswirkungen, 44] und als Ausdruck gemeindeinterner Konflikte verstanden [203: Rummel, Bauern, 264, 294].

Verfahrensformen

Bis zur Mitte des 17. Jahrhunderts herrschten informelle Verfahrensformen in der Auseinandersetzung der Gemeinden mit vermeintlichen Hexen und Hexern vor. Die Quellen erlauben daher einen vergleichsweise aufschlussreichen Blick auf Attitüden der breiten Bevölkerung. Orts- und regionalhistorische Studien spielten eine besondere forschungsstrategische Rolle. Die Forschung fragte jedoch auch nach der Bedeutung langfristiger und überregionaler Gründe für Hexenprozesse, nicht zuletzt, weil die Chronologie der Verfolgungen wenigstens in Deutschland und Skandinavien bemerkenswerte Ähnlichkeiten aufweist [270: Lehmann, Hexenprozesse; 271: Lehmann, Hexenglaube, 19].

Forschung durch Regionalstudien

Der Aufschwung der Hexenforschung seit den 1970er Jahren wurde nicht zuletzt durch die Regionalstudie Alan Macfarlanes über „Witchcraft in England" ausgelöst, die Gerichtsakten der englischen Grafschaft Essex auswertete und die Anklagen gegen Nachbarn wegen Hexerei in den Kontext lokaler Konflikte und lokaler Vorstellungen über die Wirkung und Bekämpfung von Hexerei stellte. Sie orientierte sich dabei an Arbeiten der Sozialanthropologie über Hexen- und Zauberwesen [277: Sharpe, Introduction, XI–XV]. Macfarlane stellte seine Studie einerseits in den Kontext volksfrommer Vorstellungen von der magischen Verantwortung einzelner Personen für Unglücksfälle im eigenen Leben, andererseits aber in soziale und wirtschaftliche Veränderungen, in deren Folge die Landbesitzer und Bauern innerhalb der Bevölkerung sich von der sozialen Unterstützung ihrer ärmeren Nachbarn zurückzogen, diese aber zugleich als Hexen ausgrenzten und bekämpften [277: Sharpe, Introduction, 204–206]. Auch die an anthropologischen Fragestellungen orientierte Fallstudie zu den lippischen Hexenverfolgungen von Rainer Walz ist auf einige Gemeinden dieser Grafschaft konzentriert, um durch die Erhebung vielfältigen Quellenmaterials der Frage nachgehen zu können, ob der Hexerei beschuldigte Frauen tatsächlich eine besondere – kriminelle – Karriere aufwiesen, die sie für Anklagen als Hexen prädestinierte. In expliziter Auseinandersetzung mit Muchembled verfolgte er jedoch nicht die These eines säkularen Wandlungsprozesses der Disziplinierung in der Volkskultur, sondern untersuchte stattdessen die Mechanismen sozialer Kommunikation in den lippischen Dörfern unter Anlehnung an die englische und französische Anthropologie. Walz bewies, dass die beschuldigten Frauen in der Regel keine sozialen Karrieren aufwiesen, die sie für Hexenanklagen disponierten. Er wies auf die unterschiedlichen Deutungen der gelehrten Stände und der dörfli-

Anthropologische Vorbilder

chen Bevölkerung, aber auch auf die Rezeption gelehrter Ideen für und gegen Hexenanklagen durch die Bevölkerung hin [107: WALZ, Hexenprozesse, 293–294]. Schließlich unterstrich er die vielfältigen, kaum berechenbaren Möglichkeiten, die eine Person auf die Anklagebank bringen konnten [anders 266: KOPPENHÖFER, Gesellschaft, 241]. Walz betonte, dass angesichts der diffusen Beziehung zwischen soziostrukturellen Veränderungsprozessen, sozialen Konflikten und Hexereianklagen die spezifische Verzahnung zwischen den Glaubensvorstellungen der gelehrten Stände und der Bevölkerung zu untersuchen sei [107: WALZ, Hexenprozesse, 313]. Angesichts der empirischen Vielfalt möglicher Gründe für Hexenanklagen sind solche Anklagen auch als Form sozialer Auseinandersetzungen zwischen Nachbarn gedeutet wurden, die an auch noch so marginalen Anzeichen der Nonkonformität untereinander Anstoß nahmen [266: KOPPENHÖFER, Gesellschaft, 10].

Anklagegründe

Es gilt heute als unstrittig, dass der Glaube an eine Gefährdung durch Hexen die Gesellschaft über ständische und soziale Abgrenzungen hinweg einte [270: LEHMANN, Hexenprozesse, 9–12; 271: LEHMANN, Hexenglaube]. Lehmann widerspricht nachdrücklich der These von Robert Muchembled, die Hexenverfolgung sei als sozialdisziplinierender Akt der Obrigkeit gegen das Volk zu verstehen [273: MUCHEMBLED, Sorcellerie], da diese Verfolgungen ohne die breite Rezeption und Mithilfe breiter Schichten der Bevölkerung und deren aktiver Zustimmung nicht möglich gewesen seien [271: LEHMANN, Hexenglaube, 25]. Heide Wunder lehnt darüber hinaus die Verwendung der Begriffe „Randgruppe" und „Gegenkultur" im Hinblick auf die Personen ab, die der Hexerei bezichtigt wurden, da diese aus derselben Bevölkerung kamen und dieselben Glaubensvorstellungen teilten wie diejenigen Personen, die sie anklagten [278: WUNDER, Hexenprozesse, 181]. Die Intensivierung der Suche und Bekämpfung vermeintlicher Hexen wurde für die Jahre nach 1580 mit der intensivierten Bekämpfung von Juden verglichen [271: LEHMANN, Hexenglaube, 16–17].

Ständisch übergreifende Bedeutung des Hexenglaubens

Die Forschung geht davon aus, dass besonders Theologen Formen der Manipulation der Natur, die bis zur Mitte des 16. Jahrhunderts nicht beachtet bzw. auch von Gelehrten geteilt wurden und als legitim galten, nun als Hexerei umdeuteten [258: BEHRINGER, Hexenprozesse, 68f.; 260: CLARK, Demons, 214–223; 388: SCOTT-DIXON, Beliefs, 122–129]. Formen der praktischen Lebensbewältigung durch Magie, über die sich im 16. Jahrhundert jedermann beispielsweise durch Holzschnitte informieren konnte, gerieten im Verlauf des späten 16. und 17. Jahrhunderts als strafbare Hexerei in das Visier der gelehrten Theorie und der

Rezeption der gelehrten Theologie

Magie als Lebenshilfe

Kommunikation vor Ort [258: BEHRINGER, Hexenprozesse, 68 f.]. Die Bereitschaft breiter Bevölkerungsschichten, die neuen Thesen der Gelehrten zu rezipieren und die eigenen Nachbarn auf eigene Initiative der Hexerei zu bezichtigen, sich zur Kostendeckung der Verfahren zusammenzuschließen und schließlich sogar die Beschuldigten zu Tode zu bringen, ist unstrittig [201: MEILI, Hexen, 163; 258: BEHRINGER, Hexenprozesse, 70 f.; 266: KOPPENHÖFER, Gesellschaft, 243; 269: LABOUVIE, Absage, 58]. Die Gründe für diese Bereitschaft bleiben freilich umstritten. Gegenüber der besonderen Bedeutung lokaler Konflikte [259: BEYER, Hexen-Leute, 158] betont Rainer Walz die Multifunktionalität und Unvorhersehbarkeit von Hexenanklagen durch die eigenen Nachbarn, die wegen vermeintlicher Zauberpraktiken, Drohungen, Problemen in der Nachbarschaft oder Konflikten in der Familie zustande kommen konnten [107: WALZ, Hexenprozesse, 292; 278: WUNDER, Hexenprozesse, 191; 203: RUMMEL, Bauern, 294 f.].

Bereitschaft zur Anklageerhebung

Anlässe für Verfolgungen

Auch die Anlässe der Verfolgungen variieren. Zum Teil stand am Beginn der Verfolgung in einer Region ein bestimmter „Hexentyp", bis es im Verlauf der Verfolgung zur Ausbreitung der Anklagen auf andere Personengruppen kommen konnte [218: SCHORMANN, Krieg, 173]. Je nach Zeitpunkt und regionalen Umständen konnten auch vagierende Unterschichten, gegen Ende des 17. Jahrhunderts selbst Kinder und Jugendliche, zu Opfern von Hexenanklagen werden, ohne dass die Gründe für diese Veränderungen schon abschließend erörtert wären [276: SCHINDLER, Entstehung, 258 f.].

Meinungsbildungsprozess und Anklage

Meinungsbildungsprozesse gegen einzelne Personen mit divergierenden Ansichten unter den Beteiligten innerhalb der örtlichen Nachbarschaft gingen einer formalen Anklage offenbar voraus. Z. T. kam es sogar zur Institutionalisierung des Willens der Mehrheit der Gemeindebewohner in einem „Verbündnis". Dabei handelte es sich um eine formelle Konstituierung der Gemeinde gegenüber der Obrigkeit, wenn diese in den Augen der Gemeinde noch nicht den rechten Verfolgungswillen an den Tag legte [385: RUMMEL, Ausrottung, 55–59; 203: RUMMEL, Bauern, 30–33; 269: LABOUVIE, Absage, 58; 266: KOPPENHÖFER, Gesellschaft, 243].

Lokale Gewalt

Ungeachtet solcher institutionalisierten gemeindlichen Initiativen hat die Forschung jedoch auch auf Gruppen von Dorfbewohnern hingewiesen, die auf eigene Faust einzelne Nachbarn als vermeintliche Hexen erschlugen. Im Verlauf weniger Tage kam es im Zusammenhang mit den Hexenverfolgungen im Hochstift Paderborn 1658 zur Ermordung von insgesamt elf Frauen und Männern durch unverheiratete Jugendliche, die sie in deren Häusern, aber auch auf offener Straße, als vermeintliche Hexen erschlugen. Verwandte und Opfer riefen in der Nachbarschaft um Hilfe, fanden jedoch keine. Nicht zuletzt deshalb konnte es nach dem ersten zu weiteren Totschlagsdelikten kommen. Die Bevölkerung verübelte den Behörden ohnehin die Entlassung bereits beschuldigter Personen. Der Bischof war schließlich gezwungen, Militär einzusetzen, um weitere Straftaten zu verhindern. Bei den anschließenden Verfahren stellte sich heraus, dass die Täter die Opfer kaum gekannt und nur gehört hatten, es handele sich um Hexen. In einem Fall war ein den Tätern völlig fremder Botenläufer erschlagen worden. Bei seiner Annäherung hatte einer der gerade mit Mähen beschäftigten Täter geäußert, er „rieche einen Werwolf". Daraufhin sei spontan der Entschluss gefasst worden, den Boten zu erschlagen [261: DECKER, Hexen, 159–163]. Insgesamt wird die Durchschlags- und Überzeugungskraft gelehrter Argumente für den Hexenglauben, bei nur wenigen Beispielen für die Rezeption der gelehrten Kritik an der Hexenverfolgung, als zentrales Motiv für Hexendenunziationen herangezogen [107: WALZ, Hexenprozesse, 293 f.; 218: SCHORMANN, Krieg, 174; 266: KOPPENHÖFFER, Gesellschaft, 10; 275: ROWLANDS, Witchcraft; 388: SCOTT-DIXON, Beliefs]. Die Bevölkerung handelte weitgehend in Eigeninitiative [269: LABOUVIE, Absage, 58] und nahm selbst die Zerstörung verwandtschaftlicher und familiärer Bindungen in Kauf. Die Radikalisierung der Dichotomie von Gut und Böse in der Hochtheologie habe sich mit dem Bemühen volksfrommer Vorstellungen verbunden, gegen ein erkanntes Böses auch konkret etwas zu tun – die „eigentlich außerweltlich absolute religöse Orientierung diente der innerweltlichen Abrechnung mit dem ‚Bösen'" [278: WUNDER, Hexenprozesse, 193]. Soziale Konflikte vor Ort und Wandlungen in Theologie und Prozesswesen wurden aufeinander bezogen [276: SCHINDLER, Entstehung, 268–73]. Rummel spricht von einer „Koexistenz von ideeller und materieller Motivation, eine Mentalität, die kulturelle Überzeugungen mit individueller Nutzung" verbinde [203: RUMMEL, Bauern, 317]. Hexereiklagen spielten auch in Konfessionskonflikten eine Rolle [266: KOPPENHÖFER, Gesellschaft, 244].

Überzeugungskraft gelehrter Argumente

Gelehrte Theologie und pragmatische Anwendung

So zeichnet sich am Horizont der Forschung eine eigentümliche Gemengelage ab. Neben genuin antiobrigkeitlichen und genossenschaftlichen Organisationselementen der Hexenverfolgung steht die Verbindung von gelehrter Theologie und volksfrommen Vorstellungen und die ganze Bandbreite auslösender Momente [203: RUMMEL, Bauern, 317]. Während an der Tatsache, dass die Mehrheit der Angeklagten Frauen waren, kein Zweifel besteht [138: SCHWERHOFF, Köln, 278; 274: POHL, Hexenglaube, 275], haben sich die Erklärungen hierfür sehr ge-

Vielzahl der Gründe und Anlässe

wandelt und noch zu keinem definitiven Ergebnis geführt [beispielsweise 260: CLARK, Demons, 106–132; 304: ROPER, Oedipus, 203, 240f]. Schließlich bleibt die Frage, ob gegenüber schwachen reichsständischen Herrschaften besondere Chancen zur Durchsetzung von Hexenverfolgungen durch die breite Bevölkerung bestanden. Armierte reichsfürstliche Obrigkeiten blieben jedenfalls eher in der Lage, juristische Bedenken gegen Hexenverfolgungen umzusetzen.

Verfassungsrechtliche Rahmenbedingungen?

Widerstände gegen Hexenverfolgungen

Widerstand kam jedoch auch aus der Bevölkerung, jedenfalls von den bezichtigten Personen. Verdächtigte Personen versuchten, Verleumdungen ihrer Nachbarn vor Gericht zu begegnen oder die lokale Öffentlichkeit für sich zu gewinnen [263: DIESTELKAMP, Hexe, 234–236]. Manchen Betroffenen wurde im Vorfeld ihrer Anklage ihre eigene wachsende Isolierung und damit Gefährdung innerhalb ihrer Gemeinde bewusst. Sie versuchten, mögliche Ankläger durch Einladungen zum Trinken und Speisen für sich zu gewinnen [203: RUMMEL, Bauern, 149; 265: GERSMANN, Injurienklagen, 242–243, 259–66]. Während die Kläger aus der Bevölkerung an den Tatbestand der Hexerei glaubten, waren die Angeklagten also durchaus nicht immer bereit, sich selbst ohne weiteres zu Hexen stilisieren zu lassen. Fragen der Beweisführung wurden daher selbst innerhalb der einfachen Bevölkerung zum Thema. Wolfgang Behringer vertritt die These, dass Hexenverfolgungen bereits im Verlauf des 17. Jahrhunderts als dysfunktional wahrgenommen und durch die Obrigkeit oder aber auch durch einen Sinneswandel vor Ort gestoppt wurden [258: BEHRINGER, Hexenprozesse, 76–77].

Fremd- und Selbststilisierung

Immerhin blieb es unter den Unterschichten auch noch im Verlauf des 18. Jahrhunderts vielfach bei „Hexereibeschimpfungen“. Es lag nicht zuletzt an einer nunmehr, durch den Einfluss der beginnenden Aufklärung, zunehmend skeptischen Obrigkeit [258: BEHRINGER, Hexenprozesse, 76–78], wenn solche Beschimpfungen nicht zu Prozessen und Todesurteilen führten, sondern beispielsweise bei Selbstanklagen wegen „Teufelsbuhlschaft“ Mediziner herangezogen wurden [201: MEILI, Hexen, 166; 269: LABOUVIE, Absage, 73–75]. Die Hexenforschung hat die komplexe Rezeption der kirchlichen und juristischen Gelehrsamkeit in der „Volkskultur“ unterstrichen.

5. Kirche – Konfessionalisierung – Frömmigkeit – Volksfrömmigkeit

Konfessionalisierung und Volkskultur

In eigentümlicher Verkehrung früherer Forschungsannahmen, nach denen auf den reformatorischen Aufbruch des ersten Drittels des 16. Jahrhunderts die kirchliche Erstarrung im Zeichen der Orthodoxie folgte, hat gerade die Erforschung der „Konfessionalisierung" unsere Kenntnis über die Kultur der einfachen Bevölkerung grundlegend erweitert. Das liegt an der integrierenden Untersuchung sozialer, politischer und religiöser Belange durch die Studien zur Konfessionalisierung [216: SCHILLING, Kirchenzucht; 390: SCHILLING, Confessionalization] und an der von Seiten der Volkskunde revidierten Bewertung der Volksfrömmigkeit [322: VAN DÜLMEN, Religion, 50–55; 330: SCHARFE, Christentum; 333: SCRIBNER, Volksglaube, 122–125].

Theologie und Volkskultur

Hans Christoph Rublack beginnt seine Erörterung zum Verhältnis von lutherischer Gemeinde und Geistlichen mit dem Beispiel eines Gläubigen aus einem Bericht von 1575, der den Gottesdienst, in der Kirche sitzend, verschlafen hatte [329: RUBLACK, Priester, 1 f.]. Martin Scharfe hat an solche Beobachtungen, die schon von Zeitgenossen immer wieder gemacht wurden, eine historische Reflexion auf die Kritik von Aufklärung und Pietismus an der vermeintlich veräußerlichten Frömmigkeit des Volkes geknüpft. Scharfe entgeht mit dieser historischen Reflexion auf den Wandel der Frömmigkeitsanforderungen von Seiten der Kirche der Gefahr, die aufgeklärte Kritik als Spiegelbild der tatsächlich Frömmigkeit der Bevölkerung misszuverstehen [vgl. auch 320: DAXELMÜLLER, Untergrund, 152–153].

Wandel der Frömmigkeitskonzeption

Seit dem 17. Jahrhundert wurden innerhalb der lutherischen und reformierten Kirchen Bedürfnisse nach einer wahren Frömmigkeit formuliert, die Ungenügen an der bloßen Reformation der Lehre, nicht aber des Lebens, artikulierten [326: MAHLMANN, Johannes, 42–54; 338: STRÄTER, Meditation, 67–72]. Die Bewertung und historiografische Einordnung dieses Tatbesandes ist umstritten. Christof Dipper wies darauf, dass die Aufklärung ehemals legitime Formen der Frömmigkeit als fremd gewordene Volkskultur wiederentdeckte, deren Religiösität sich von derjenigen der aufgeklärten gelehrten Stände zunehmend abhob. Die theologischen Auseinandersetzungen zwischen den Kirchen wirkten auch in der Bewertung der Volksfrömmigkeit bis in die fünfziger Jahre unseres Jahrhunderts nach [398: VEIT/LENHART, Kirche, 1–57].

Anregungen anderer Disziplinen

Volkskunde, Soziologie und Anthropologie regten dann Zugriffe an, die von kontroverstheologischen Perspektiven abrückten [321: DIP-

PER, Volksreligiosität, 72–73; 322: VAN DÜLMEN, Religion, 50–55; 323: VAN DÜLMEN, Volksfrömmigkeit, 16–17; 328: OBELKEVICH, Religion; 337: SMOLINSKY, Volksfrömmigkeit, 11–16; 365: FREITAG, Volks- und Elitenfrömmigkeit, 2–11]. Robert Scribner hat darüber hinaus auf die besondere Rolle des Visuellen für die Volksfrömmigkeit hingewiesen [334: SCRIBNER, Culture; 355: SCRIBNER, Visuelle;].

Abgrenzungen

Richard van Dülmen unterscheidet die populäre Frömmigkeit durch ihren Bezug zu einem „magisch-abergläubischen Weltbild" von dem offiziellen kirchlichen Bekenntnis. Die entstehenden Konfessionen seien zwar alle in ein Spannungsverhältnis mit der Volksfrömmigkeit geraten, damit jedoch unterschiedlich umgegangen. Besonders die Reformierten, weniger das Luthertum, habe magische Praktiken der Religiosität zunehmend ausgegrenzt, während die katholische Kirche diese Grenzlinie nicht so scharf gezogen habe. Dort seien vielmehr neue Frömmigkeitsformen neben ältere getreten. Schließlich weist er auf Formen der Volksfrömmigkeit hin, die sich nur sekundär aus Verhörprotokollen und Akten der Gerichte erschließen lassen [323: VAN DÜLMEN, Volksfrömmigkeit, 15–19, 26–29].

Wissenschaft und Magie

Dem muss hinzugefügt werden, dass sich die Unterscheidung zwischen „magischen" und durch die Theologie akzeptierten „religiösen" Annahmen im Laufe der Zeit selbst wandelte [260: CLARK, Demons, 437–444, 448 f.]. Pfeilzauber galt noch im 16. Jahrhundert als legitim [353: SCRIBNER, Sake], im 17. Jahrhundert konnte er zu einer Hexereianklage führen, im 18. Jahrhundert wurde er nur noch als Aberglauben bekämpft. Die Entdeckung der Geheimnisse von Gottes Schöpfung durch Disziplinen wie Alchemie und Astrologie blieb im 16. und 17. Jahrhundert eine legitime Vorgehensweise. Dülmens Unterscheidung zwischen „Magie" und Religion bedarf daher der historischen Relativierung [260: CLARK, Demons, 214–231]. Es bleibt eine Frage der Forschung, ob sich tatsächlich mit Hilfe des Begriffs „Magie" der Kern einer eigenen Volkskultur von den Wissensbeständen und -formen der gelehrten Stände abgrenzen lässt.

Verhältnis Klerus – Laien

Die Befunde von Hans-Christoph Rublack und Luise Schorn-Schütte über die soziale Herkunft der Pfarrer [329: RUBLACK, Priester; 336: SEIDER, Kirche, 213–219] weisen gleichwohl auf die Diskrepanz zwischen dem Wunsch nach Nutzanwendung des Glaubens bei vielen Laien und dem Gebot des Glaubens um des Heils willen durch die Kirchen hin [s.a. 323: VAN DÜLMEN, Volksfrömmigkeit, 21].

5.1 Reformation

Rezeption gelehrter Modelle in der breiten Bevölkerung

Dietz-Rüdiger Mosers Studien zum Fasching zeigen, dass im Gegensatz von Fastnacht und Fastenzeit der Gegensatz der Welt des Teufels zur Ordnung Gottes, wie er in der politischen Theorie Augustinus' konzipiert worden war, für breite Bevölkerungsgruppen erfahrbar wurde [347: Moser, Hypothesen]. Neithard Bulst hat auf die Rolle der Heiligenverehrung gerade in Krisenzeiten hingewiesen [340: Bulst, Heiligenverehrung, 71–82]. Bob Scribner erläutert die Verknüpfung von Karneval und reformatorischer Nachricht [335: Scribner, Culture, 71–102]. Zwar waren Unterschichten von den kostenintensiveren Formen der Frömmigkeit, beispielsweise dem Privileg der Tragaltäre oder der Beichtbriefe, ausgeschlossen. Den Armen Nürnbergs wurde 1437 sogar gestattet, auch an Fastentagen auf Milch- und Eierspeisen zurückzugreifen, weil andere Lebensmittel kaum erschwinglich gewesen wären. Caritative Stiftungen wohlhabenderer Nürnberger sahen jedoch beispielsweise Voraussetzungen für die Aufnahme einzelner Bedürftiger vor, so die Fähigkeit, das Pater-Noster und das Glaubensbekenntnis aufsagen zu können. Eine Stiftung schrieb vor, Nürnberger Hausarme, die bestimmte Bedingungen erfüllten, sollten an allen Feiertagen eine Geldspende erhalten [350: Schlemmer, Gottesdienst, 346–355]. Das Eucharistie-Verständnis der zweiten Hälfte des 15. Jahrhunderts wurde den Gläubigen in visueller Form nahe gebracht [341: Butzkamm, Bild, 162].

Prozessionen, Heiligenverehrung

Die Forschung hat sich schließlich der regional unterschiedlichen Bedeutung von Prozessionen und der Heiligenverehrung [348: Rothkrug, Religion] und der Rolle magischer Praktiken in Verbindung zu Frömmigkeit und Kirche gewidmet [343: Dienst, Lebensbewältigung, 89–95]. Solche Untersuchungen belegen den Zusammenhang zwischen Frömmigkeits- und Glaubensformen der Bevölkerung und der gelehrten Kultur. Volkskultur erscheint danach als analytischer Pol einer ganzen Spannbreite divergierender Partizipationsformen an der gemeinsamen, durch Kirche und christlichen Glauben definierten Kultur, die zugleich ihrerseits tief greifenden Spannungen über Wege und Ziele des Glaubens und den Weg zum Heil ausgesetzt war.

Rezeption reformatorischer Ideen

Dies gilt auch für die Rezeption reformatorischer Ideen. Miriam U. Chrisman und Wolfram Wettges legen dar, dass die in deutscher Sprache gedruckten Bücher und Flugschriften ein intensives Interesse der Laien an Themen der Frömmigkeit wie den Heiligenleben, illustrierten Versionen der Passion Christi und an Polemiken gegen die Kirche und ihre Vertreter dokumentieren. In Straßburg wurden zwischen 1520 und 1524 48 Flugschriften durch Autoren ohne jede formale Ausbildung geschrieben. Sogar Angehörige von Berufsgruppen, die sich relativ sicher den Unterschichten zurechnen lassen, wie beispielsweise Gärtner, veröffentlichten „Auszüge aus der Bibel" und kommentierten darin die Apostelgeschichte und die Propheten [342: CHRISMAN, Printing, 82–85; 357: WETTGES, Reformation, 103–105, 118–122].

Rolle neuer Medien

Vor allem Robert Scribner hat die Bedeutung der Flugschriften und ihrer Illustrationen für die Verbreitung reformatorischer Ideen hervorgehoben. Bildliche Darstellungen von Luther als Lehrer und Führer der Gläubigen, als Prophet und deutscher Herkules und vom Papst und den Kardinälen als Wölfen und Feinden Gottes wurden breit rezipiert [353: SCRIBNER, Sake, 19, 29–32, 53; s.a. 345: FUCHS, Heiligen-memoria]. Auch am Karneval und öffentlichen Anlässen wie dem Nürnberger „Schembartlauf" hatten die Unterschichten teil. Die Karikierung von Klerikern und katholischen Riten durch die Reformatoren während des Karnevals war ein besonders effektives Mittel der Verbreitung der reformatorischen Botschaft. Der Nürnberger Rat untersagte für die Jahre 1525 bis 1538 aus eben diesem Grund den Karneval, nachdem bereits 1521 der Verkauf eines Bildes, das Luther mit einer Taube zeigt, verboten worden war. Nur solange die Grundfesten der ständischen Ordnung nicht gefährdet zu sein schienen, tolerierten Obrigkeiten im Rahmen des Karnevals und der Flugschriftenikonografie satirische Angriffe [353: SCRIBNER, Sake, 69–73].

Karneval und Reformation

Gelehrtes Argument – Bildmedien – Volkskultur

Scribner konnte darüber hinaus die Verbindung reformatorischer Ideen mit Segmenten volkstümlicher Glaubensvorstellungen in den Bildelementen von Flugschriften nachvollziehen. Das gilt beispielsweise für die Darstellung des Papstes als apokalyptischem Ungeheuer mit sieben Häuptern oder die Darstellung der „göttlichen Mühle", in der Mönche und Bischöfe zu Dämonen, ihrem vermeintlich tatsächlichem Wesen, verarbeitet werden. Zu den eindringlichsten Motiven zählte der Hinweis auf das göttliche Gericht über die einzelne Seele. Täufer berichteten in ihrem Verhör, die Furcht vor diesem Gericht habe sie zu ihrem Lebenswandel bewogen [344: VON FRIEDEBURG, Untertanen; 353: SCRIBNER, Sake, 90–116;]. Thomas Fuchs hat darauf hingewiesen, dass die Kombination hergebrachter Elemente mit neuen politischen und religösen Deutungen auch auf die Bewertung und Darstellung der „großen" Politik übergriff. Der gefangene Kurfürst von Sachsen wurde auf Holzschnitten gezeigt, wie er auf den Gekreuzigten über den Wolken blickte und um Rettung durch Gott gleich Daniel aus der Löwengrube bat [345: FUCHS, Heiligen-memoria, 611].

Synkretismus älterer und neuerer Glaubenselemente

Ältere Bestandteile frommer Praktiken wurden mit den neuen Lehren verbunden. Scribner argumentiert weiter, die reformatorische Bewegung im Reich habe innerhalb einer „Kultur des Rituellen" operiert, in deren Rahmen symbolische Repräsentationen sozialer und spiritueller Beziehungen deren Bedeutung und Legitimität vermittelt hätten. In Magdeburg wurden beispielsweise zu Ehren der Jungfrau Maria konsekrierte Blumen und Gewürze gesegnet und dann von den Einwohnern zum Schutz vor Krankheit und schlechtem Wetter aufbewahrt. Am 15. August 1524 predigten jedoch evangelische Prediger gegen dieses Vorgehen und erwähnten, als im vorhergehenden Jahr in Jena Jugendliche die Blumen aus der Kirche entwendet und auf die Straße geworfen hätten, seien sie nicht bestraft worden. Daraufhin wurden die Blumen aus verschiedenen Magdeburger Kirchen entwendet, auf die Straße geworfen und die Franziskaner mit Steinen beworfen. Weil der Weg zum Heil in allen Teilen der Bevölkerung umstritten war und kontroverse Behauptungen durch Flugblätter und Abbildungen weite Teile der Bevölkerung erreicht hatten, war auch das Verhalten der Obrigkeit unberechenbar geworden. Zur Deutung des Verhaltens der Beteiligten in einer solchen durch Unsicherheit über die Legitimität und Durchsetzbarkeit alter und neuer Verhaltensweisen gekennzeichneten Lage bezieht sich Scribner auf den Anthropologen Victor Turner. Prediger und Anhänger reformatorischer Ideen bemühten sich, Öffentlichkeit für ihre Ziele herzustellen und zu testen, wie weit sie gehen konnten, ohne Strafe auf sich zu ziehen. Die Schändung der Blumen war nicht nur ein Machtkampf zwischen bereits bestehenden Glaubensgruppierungen, sondern trug selbst zur Entstehung der reformatorischen Bewegung bei.

Von der Realisierung der Pluralität zu ihrer Unterdrückung

Obwohl die Frömmigkeit der breiten Bevölkerung am Vorabend der Reformation eine widersprüchliche Vielfalt bot, blieb zugleich die Forderung, die öffentlichen Ausdrucksformen der Kirche und der Gemeinden sollten dem einen wahren Glauben dienen, Gemeingut [354: Scribner, Ritual, 125–128]. Der längst latente Konflikt zwischen den verschiedenen spätmittelalterlichen Frömmigkeitsstilen wurde durch die in der Reformation aufbrechenden Konflikte öffentlich. Kaum jemand war in der breiten Bevölkerung bereit, diese tatsächlich bestehende Vielfalt zu akzeptieren. Thomas Brady spricht die seit 1525 wachsenden Konflikte innerhalb der Anhänger der Reformation an [339: Brady, Search, 26 f.]. Die ganz überwiegende Mehrheit aller Bevölkerungskreise nahm mit Hilfe öffentlicher Treffpunkte im Wirtshaus und auf der Straße an den Auseinanderetzungen ihrer Zeit teil [349: Rublack, Song, 103–113]. Vereinzelt wurde auch auf die divergieren-

Heterogenität der Frömmigkeitsstile auch auf dem Lande

den Rezeptionsweisen und religiösen Bedürfnisse innerhalb der bäuerlichen und unterbäuerlichen Bevölkerung auf dem flachen Land hingewiesen. Während ein großer Teil der städtischen und ländlichen Untertanen der Landgrafschaft Hessen stürmisch eine Reform der Lehre forderte, an hergebrachten Formen der Geselligkeit bei Taufen und Hochzeiten aber festhalten wollte, öffnete sich eine Minderheit den Täufern, um in der Separation von der in ihren Augen verdorbenen Kirche ihrer Nachbarn und deren Leben das Heil zu suchen – nicht ohne damit in erhebliche Konflikte mit ihnen zu geraten [344: VON FRIEDEBURG, Untertanen]. Zwar unterstreicht Günther Vogler die Geschlossenheit des vorreformatorischen Antiklerikalismus [356: VOGLER, City, 46 f.], insgesamt betonte die Forschung jedoch die Vielfalt, in der spätmittelterliche Frömmigkeit und reformatorische Nachricht verflochten wurden [355: SCRIBNER, Visuelle, 9–13]. Hans Christoph Rublack formulierte, während der Reformation sei Religion als Wort Gottes einer Uniformierung unterworfen worden, in der kaum mehr Platz für die Vielfalt der Glaubensformen am Vorabend der Reformation geblieben sei, und zwar umso mehr, als gerade die Fragilität frühneuzeitlicher sozialer und politischer Ordnung kaum die Vielfalt unterschiedlicher Deutungen des einen Wortes Gottes zulassen konnte, nachdem diese einmal durch die Reformation thematisiert worden war [349: RUBLACK, Song, 105]. Diese Uniformierung wurde gerade von der einfachen Bevölkerung stürmisch gefordert, in dem sie sogar vermeintlich gotteslästerliche Kirchenriten mit Gewalt störte.

Vielfalt der Frömmigkeitsformen

Uniformierung der Frömmigkeitsformen als Problem

5.2 *Konfessionalisierung*

Selbst in einem Kernterritorium der zweiten Reformation wie Hessen-Kassel gehörten bis in die Zeit von Landgraf Moritz bildliche Heiligen-Memoria ebenso zum Bestand der alltäglichen Frömmigkeit wie die Darstellung der Kirche als Schiff der Apostel, das neben den Evangelisten die protestantischen Sakramente und die Kaiser des Reiches aufnahm, die es, angefangen bei Konstantin, ruderten [345: FUCHS, Heiligen-memoria, 597; 353: SCRIBNER, Sake, 115]. Die jüngere Forschung hat gleichwohl daran festgehalten, dass die Reformation in ihrem Kampf gegen die Riten der Römischen Kirche die Verbindung von Emotionen und Glauben erschwert habe [376: KARANT-NUNN, Gedanken, 70–73; 377: KARANT-NUNN, Reformation, 190–201; 383: OCKER, Arme, 155–157]. Auch die katholische Kirche war wenigstens um eine „Disziplinierung" des Heiligenbildes bemüht [369: GÖTTLER, Disziplinierung, 263]. Diese Gegenläufigkeit kirchlicher Reformbestrebungen

Überdauern älterer Frömmigkeitsformen

Glaubensformen und Emotionen

und der hiervon beeinflussten, aber nicht linear bestimmten Partizipation der Unterschichten an der Kirche ist in drei Forschungskomplexen thematisiert worden. Dazu zählen erstens Forschungen zum Profil der katholischen wie protestantischen Geistlichkeit und ihres Verhältnisses zu den Laien, zweitens Lokal- und Regionalstudien zur Frömmigkeit und Kirchengeschichte – dazu rechnet man auch Studien zur Kirchenzucht – und drittens die Erforschung der katholischen nachtridentinischen Frömmigkeit.

Verhältnis Geistlichkeit-Laien

Die Sozialgeschichte der Geistlichkeit hat den sozialen Abstand zu den Laien unterstrichen. Rund 80% der Geistlichen, die ihr Amt im Herzogtum Braunschweig zwischen 1580 und 1630 antraten, hatten beispielsweise an der Landesuniversität studiert [332: SCHORN-SCHÜTTE, Priest, 19f.]. Jüngere Forschungen vermuten einen Wandel im Verhältnis zwischen einfachen Laien und Geistlichen. Wurde beispielsweise geistlichen Konkubinaten – bzw. den illegitimen Verhältnissen protestantischer Geistlicher – bis ins 17. Jahrhundert offenbar „mit einer gewissen Duldung" begegnet, kam es im Verlauf dieses Jahrhunderts häufiger auch zu Anzeigen bei der Obrigkeit. Eva Labouvie vermutet, dass zum einen die Geistlichen an den von ihnen selbst vertretenen Maßstäben der reformierten und nachtridentinischen Kirchen gemessen und für zu leicht befunden wurden, zum anderen die Beschwerde eine Möglichkeit bot, gegen zusätzliche Forderungen Geistlicher vorzugehen [296: LABOUVIE, Konkubinate, 111–117; 382: MOSER-RATH, Kirchenvolk, 113–142]. Hans-Chistoph Rublack resümiert, dass die lutherischen Geistlichen in der Regel „Fremde" in ihren Gemeinden blieben [329: RUBLACK, Priester, 7].

Gemengelage neuer konfessioneller Formen und hergebrachter Geselligkeit

In den lutherischen Kirchen setzte sich erst im Laufe des 17. Jahrhunderts die Versorgung aller Gemeindeangehörigen mit eigenen Gesangbüchern durch. Nur eine Minderheit der Bevölkerung war jedoch bereit, traditionellen Formen der Geselligkeit und Geboten des Wirtschaftslebens den Rücken zu kehren. Die Arbeit und der Bierkonsum am Sonntag wurden gegen die Reformwünsche der Kirche verteidigt [399: VOGLER, Volksfrömmigkeit, 47–48; 379: LANG, Volk, 54–55]. Im lutherischen Ansbach-Kulmbach hielten die Gemeindebewohner an ihren Gelagen bei Taufen und Heiraten, an nächtlichen Zusammenkünften der Unverheirateten, an vorehelichen intimen Kontakten, am „Fensterln" und Tanzen fest, und setzten sich z. T. mit Gewalt gegen die Pfarrer durch [388: SCOTT-DIXON, Beliefs, 109–112, 123–26, 134f.]. Sie verbanden diese herkömmlichen Formen der Geselligkeit mit den neuen Formen der Kirchlichkeit und der Instrumentalisierung der Religion für unmittelbar praktische Zwecke [386: SANDER, Aberglauben,

46–66]. Diese Befunde dürfen jedoch nicht als Zeichen mangelnder Loyalität gegenüber der neuen konfessionellen Identität als Lutheraner bewertet werden. In der Landgrafschaft Hessen suchte die ländliche Bevölkerung unter Aufbietung der von ihnen selbst bestellten Amtsträger, von den Dorfvorständen bis zu den Hebammen, die Taufe der Kinder von Wiedertäufern zu erzwingen und zog dazu auch den Arm der Obrigkeit heran [344: von Friedeburg, Untertanen]. Gedeckt und unterstützt durch einen Reichsritter, dessen Rechte auf Religionsausübung nicht eingeschränkt werden durften, hielten die Lutheraner in Pfälzer Gemeinden, die in den Einzugsbereich der Speyerer Gegenreformation gerieten, erfolgreich an ihrem lutherischen Pfarrer fest. Zu Konversionen kam es selbst angesichts massiven Truppeneinsatzes kaum [362: Forster, Counter-Reformation, 168–175].

Kooperation von lutherischer Bevölkerung und Kirche

Nachtridentinischer Katholizismus

Das tridentinische Konzil erteilte spätmittelalterlichen Formen der Werkfrömmigkeit eine klare Absage, erneuerte aber ältere Formen der Integration der Bevölkerung in das Kirchenleben. Dazu zählten Eucharistie- und Marienfrömmigkeit. Zeitgleich fand im Klerus eine schriftliche Auseinandersetzung um legitime und illegitime Frömmigkeitsformen statt [zur Chronologie dieses Wandels 403: Brückner, Wandel, 67–69; 368: Ganzer, Konzil, 19–25; 394: Smolinsky, Volksfrömmigkeit, 27–35]. Im ostwestfälischen Dekanat Vechta blieb der Gottesdienst beispielsweise im 16. Jahrhundert integraler Teil des Brauchtums der Gemeinde. Seit dem Beginn des 17. Jahrhunderts setzten Synodalstatuten die tridentinische Reform vor Ort durch [366: Freitag, Pfarrer, 119, 133–139, 170–172]. Die Innenräume der Kirchengebäude wurden gemäß dem Selbstbild als kämpfender und triumphierender Kirche umgestaltet. Seit 1600 lag der approbierte Katechismus im Fürstbistum Münster auch auf Deutsch vor. Visitatoren überprüften die Durchsetzung dieser Reformen vor Ort. Lieder veranschaulichten die Erfahrung des Wunders der Eucharistie. „Katechese, Predigt, eucharistische Prozessionen und Begleitung der Lebensphasen im tridentinischen Sinne stiegen im dörflichen Brauchtum zu heils- und gemeinschaftsnotwendigen Bestandteilen auf", unter denen allerdings, vom Eingriff der Kirche weitgehend ungeschmälert, die profane Geselligkeit der ländlichen Gesellschaft ihren Platz fand. Die Symbiose von gemeindlichen Lebensformen und tridentinischer Kirche gelang auch deshalb, weil die Geistlichen selbst in Angelegenheiten, die genuin innergemeindliche Sozialnormen betrafen, als Ausführende zu Repräsentanten der Gemeinde wurden. So erhob die Kirche in Vechta für die Taufe eines ehelichen Kindes die Gebühr von einem Brot und einem Huhn, bei einem unehelichen Kind jedoch eine Geldgebühr. Auf diese

Weise sollten besondere Gebühren vor vorehelichen Kontakten und ihren Folgen abschrecken. Die Laien verteidigten sogar energisch Geistliche, die wegen vermeintlicher Geldgier bei der Erhebung solcher Taufgebühren für uneheliche Kinder ins Visier der Kirche gerieten [366: FREITAG, Pfarrer, 242, 259–263, 314–329]. Die Laien instrumentalisierten die Kirche zur Durchsetzung der von ihnen geforderten Normen gegenüber ihren Gemeindemitgliedern [366: FREITAG, Pfarrer, 328 f.]. Auch Marc R. Forster beschreibt in seiner Regionalstudie zum Bistum Speyer den Erfolg der katholischen Konfessionalisierung und die dysfunktionalen Konsequenzen des Dreißigjährigen Krieges [362: FORSTER, Counter-Reformation, 154–157].

Schichtspezifische Frömmigkeit?

Ob in größeren Städten demgegenüber schichtspezifische Unterschiede der tridentinischen Frömmigkeit schärfer hervortraten, bleibt umstritten [375: PO-CHIA HSIA, Society, 196–198]. Nachtridentinische Laienbruderschaften beantworteten die religiösen Bedürfnisse aller Bevölkerungsschichten, auch der Frauen. B. Schneider spricht von den Gottesdiensten der Bruderschaften als „Ersatzliturgie" für das Volk und „Ort doktrineller Unterweisung" [351: SCHNEIDER, Wandel, 72–74]. Als bahnbrechend haben sich Studien an der Grenze zwischen Volkskunde und Kirchengeschichte erwiesen. Unter den Weihegaben in Wallfahrtskirchen des 17. und 18. Jahrhunderts befanden sich auch Wachsplaketten mit der Prägung Agnus Dei. Das aufgeprägte Zeichen des Heiligen Kreuzes sollte böse Geister vertreiben und Unwetter fernhalten. Die „gegenreformatorische Neu-Missionierung der Gesamtbevölkerung kannte ... keine intellektuellen Standesgrenzen", so dass der Begriff der Volksfrömmigkeit als autonomer Kulturäußerung der einfachen Bevölkerung völlig „an der mentalen und konkreten Religiosität des Barock" vorbeigeht. Unter den 1697 bis 1726 in der Oberen Pfarre Bamberg registrierten Opfergaben befanden sich 208 Agnus Dei, in der Regel als Metallanhänger, die als Aufbewahrungsort für gedruckte Feld- und Haussegen dienten. Das Ansehen der Agnus Dei wuchs im 16. Jahrhundert trotz energischer lutherischer Kritik durch Berichte über die durch sie bewirkten Wunder. Verbote im Jahre 1572 und 1605 sollten zwar die Bemalung des weißen Wachses und die Einschließung von Partikeln des Agnus Dei in Ringe verbieten, nicht jedoch die Einbindung in andere Arrangements, u. a. in Kapseln, um sie am Hals zu tragen. Die enorme Nachfrage nach mitführbaren Devotionalien wurde zwar immer wieder durch Einschränkungen geregelt, doch brach die Reglementierung von 1596, verbreitet in zahllosen Editionen auch in Deutschland über „Agnus Dei und was sie seyn und was von ihrer Krafft", dem immer breiteren Gebrauch schließlich Bahn. Brückner be-

Devotionalien

tont den Vorbildcharakter des Frömmigkeitsverhaltens der oberen Schichten [359: Brückner, Amulett-Gebrauch, 89–122]. Er wendet sich gegen die Charakterisierung des Gebrauchs der Agnus Dei in den polemischen Termini der Aufklärung, sondern versteht sie im Sinne des 17. Jahrhunderts als Ablegung des Glaubenszeugnisses und zugleich „körperliche Einübung" durch die „religio carnalis", sich den Glauben durch „Zeichen und Gebärden" im Alltag zu eigen zu machen. Auch protestantische Zeitgenossen unterschieden schließlich scharf zwischen dem Bund mit Christus und dem Bund mit dem Teufel, dem Gebrauch magischer und christlicher Amulette [359: Brückner, Amulett-Gebrauch, 124–128]. Erst die Aufklärung, betont Brückner, habe diese Zusammenhänge verdrängt und begonnen, jede Form des Amulettgebrauchs als Aberglauben – des vermeintlichen Volkes – zu beschreiben. Berichte wie der über den fränkischen Knecht Georg Bauer, der 1673 versuchte, ein gestohlenes Ziborium und eine gestohlene Monstranz bei Hanauer Juden zu verkaufen, zeigen allerdings, welche Eigendynamik die Rezeption der offiziellen Theologie nehmen konnte. Ihm wurde „angst", als der jüdische Händler beim Anblick der gestohlenen Kultgegenstände „hinweg gangen" [389: Scheinost, Kirchendiebstahl, 158].

Wallfahrt

Dieser Eigendynamik wurde in Lokalstudien [374: Hörger, Kirche, 148–188] und vor allem in der Wallfahrtsforschung nachgegangen [vgl. ältere Studien 367: Friess/Gugitz, Wallfahrten; 398: Veit/Lenhart, Kirche; Literaturbericht und Forschungsüberblick: 380: Hersche, Devotion, 30–34]. Jüngere Studien haben den Gegenstand dabei sowohl im Rahmen der Geschlechtergeschichte als auch der Geschichte der Konfessionalisierung fruchtbar gemacht. R. Habermas unterstreicht den eigenständigen Spielraum der Laien, besonders der Frauen, die ihren Glaubensbedürfnissen, dem Wunsch nach gesellschaftlicher Anerkennung, vermittelt durch die Gleichheit der Geschlechter vor dem Wunder, und dem Wunsch nach Geselligkeit im Umkreis der Wallfahrt nachgekommen seien [370: Habermas, Wallfahrt, 49–66, 76–104]. Werner Freitag betont dagegen die gezielte Hebung bestimmter Wallfahrten durch die Kirche. Die einfache Bevölkerung habe ihrerseits mit einem steigenden Interesse an den Frömmigkeitsangeboten der Kirche reagiert. Allerdings ergab sich laut Freitag im Verlauf der Wallfahrt eine Fülle von Gelegenheiten „sozialen Handelns", der Unterhaltung mit den anderen Wallfahrern und der Übernahme bestimmter Rollen und Aufgaben während der Wallfahrt. Freitag spricht von einer „Dialektik äußerer Disziplinierungsmechanismen" und der Möglichkeit, eigene Wünsche nach Heils- und Wundererwartung und sozialer Kommunikation in die Wallfahrt einzubringen [365: FREITAG, Volks- und Elitenfrömmigkeit, 202f., 238–295; 381: MOLITOR, Augen, 95f.]. Darüber hinaus zeigt Hersche, dass wenigstens bei einer Wallfahrt, wie der von Habermas behandelten, gerade die Oberschicht nicht mehr aktiv teilnahm [373: HERSCHE, Devotion, 31], ein weiterer Hinweis auf die Entwicklung stände- und schichtspezifischer Formen der Frömmigkeit im 18. Jahrhundert.

Konfessionelle Grenze

Ungeachtet dieser Frage beteiligten sich bürgerliche Gruppen und unterständische Schichten gleichermaßen an den konfessionellen Konfikten im Alltag gemischtkonfessioneller Städte. Die konfessionelle Prägung ging so weit, dass ein lutherischer Weber seiner aus katholischem Hause stammenden Ehefrau den Wunsch nach dem Besuch eines Priesters an ihrem Totenbette verweigerte und sich auf „sein aigen gewissen" berief, um sein Tun zu erläutern [für die spätere Zeit 364: FRANÇOIS, Grenze]. Andererseits unterschieden sich trotz der weitgehend gegeneinander abgeschlossenen Heiratskreise und der sichtbaren und „unsichtbaren Grenze" [364: FRANÇOIS, Grenze] zwischen den Konfessionen auch im 18. Jahrhundert weder das Heiratsalter noch die saisonale Verteilung der Heiratstermine im Jahr [371: HELLER-KARNETH, Konfessionen, 137, 155–159, 198]. Die These der Konfessionalisierung als eines innerhalb der Konfessionen in vieler Hinsicht parallel und sogar ähnlich, aber in gegenseitiger Abschottung voneinander verlaufenden Prozesses der Veränderung der Glaubens- und Organisationsformen wurde weitgehend bestätigt [216: SCHILLING, Kirchenzucht; 401: ZSCHUNKE, Konfession, 89–92]. Auch die Durchsetzung der neuen Formen des Gottesdienstes war in allen Konfessionen weithin erfolgreich, während ein Wandel der alltäglichen Geselligkeit nicht mit Zwang allein durchzusetzen war [89: VON FRIEDEBURG, Frömmigkeitspraxis; 344: VON FRIEDEBURG, Untertanen]. Die Studien unterstreichen die Geschlossenheit des ländlichen Verbandes gegenüber Geistlichen und die Bedeutung von Führungszirkeln innerhalb der Gemeinden, die in der Lage waren, die neuen Organe von Kirche und Staat für ihre Interessen und für ihre Kontrolle ihrer Nachbarn zu nutzen [99: ROBISHEAUX, Society; 387: SCOTT-DIXON, Reformation, 138–140].

Konfessionelle Prägung der Volkskultur

5.3 *Aufklärung*

Die Quellen des reformerischen Fürstenstaates bestimmen fast unvermeidlich als Gesetze, Berichte oder Gerichtsprotokolle unser Bild der Volkskultur in der Aufklärung. Sie können aufgrund des aufklärerischen Elans der gelehrten Stände und ihrer neuen Form der Kritik an

Aberglauben und Unvernunft dazu verleiten, die sich durch den Einfluss der Aufklärung in neuer Weise auffächernde Vielfalt der Volkskultur zu übersehen. Gerade für das 18. Jahrhundert häufen sich beispielsweise die Hinweise der Forschung auf eine zunehmend sozialspezifische Partizipation am Kirchenleben [10: ULBRICH, Kirchenzensur, 205–211; 321: DIPPER, Volksreligiosität, 90–92; 403: BRÜCKNER, Wandel, 67–69; 419: SCHMIDT, Gesangbuch-Reform, 87–95; 422: WUNDER, Wandel, 59–62]. Angehörige der protestantischen, aber auch der katholischen Geistlichkeit begannen, sich im Zuge der kirchlichen Aufklärung von älteren Formen der Frömmigkeit als vermeintlich bloß äußerlicher „Einübung" zur Erweckung von „Gefühlen" zu distanzieren [Zitat 403: BRÜCKNER, Wandel, 77; 321: DIPPER, Volksreligiosität, 73–75; 405: MÜNCH, Kosten, 107–109; 407: GOY, Aufklärung, 279; 412: MOSER, Exempel-Paraphrase-Märchen, 122–124, 140f.; 415: RABAS, Erbe, 156–159; 419: SCHMIDT, Gesangbuch-Reform, 85f.]. Obwohl der häufig schlechte Zustand des Schulwesens im „pädagogischen Jahrhundert" [411: MÖLLER, Fürstenstaat, 32] unstrittig ist, stieg die Lesefähigkeit doch an. Fibeln, die nach 1770 sprunghaft Verbreitung fanden, dienten als bedeutsame Informationsquelle für Leser [402: BÖDEKER/HINRICHS, Alphabetisierung, 255–281]. Die Schreib- und Lesefähigkeit gewann auch für die einfache Bevölkerung, vor Gericht und im religiösen Leben, rasch an Bedeutung [402: BÖDEKER/HINRICHS, Alphabetisierung, 355–362; 403: BRÜCKNER, Wandel, 74–77; 409: HÖCK, Bemerkungen, 49–52]. Für den Zeitraum zwischen 1770 und 1800 wurde der Anteil der lesefähigen Bevölkerung erheblich nach oben korrigiert, gegenüber älteren Annahmen von 15% bis 25% auf nun über 60%. Weitgehend offen ist nach wie vor, welchen Umfang der alltäglichen Handhabung von Schrift die messbare Signierfähigkeit eigentlich spiegelte und welche Rolle die Alphabetisierung einzelner Familienmitglieder für die Restfamilie spielte [417: SIEGERT, Alphabetisierung, 284–291].

Neue Frömmigkeitsformen

Lektüre, Frömmigkeit und Kritik

Einzelne Autoren vertreten die These, in Werken wie dem Predigtwerk Christoph Selhamers „Den lieben Bauern zu sonderbahrem Trost" (1701), in dem die Heiligen allesamt als Mitglieder des einfachen Volkes beschrieben, der Adel aber als Blutadel beschimpft wurde, seien gezielt obrigkeitskritische Töne enthalten [374: HÖRGER, Kirche, 168–187]. Die soziale Distanz zwischen Pfarrer und Gemeinde und die Abhängigkeit der Pfarrer von der Obrigkeit blieb zwar bestehen [146: GÖTTSCH, Leibeigene, 254–263]. Eva Labouvie betont jedoch die neue Rolle des Geistlichen als „Sittenrichter" [296: LABOUVIE, Konkubinate, 118–123]. In den lutherischen und reformierten Kirchentümern wahrten die Hauspostillen ihre besondere Bedeutung, aber auch die staatlichen Schulen schafften Bücher zum Gebrauch für die Unterschichten an [400: Wittig-Messemer, Bücherbesitz, 166–173; 410: Medick, Weben, 457–494]. Selbst Angehörige der Unterschichten waren zunehmend in der Lage zu lesen und zu schreiben. Die Vielfalt der Gegenstände erstreckt sich über Erlebnisse während des Dreißigjährigen Krieges bis hin zu Glaubensbekenntnissen im Rahmen der Kirchenzucht. Sie kommentieren sogar die Predigtbücher in ihrem Besitz mit Randbemerkungen [10: Ulbrich, Kirchenzensur, 341–342; 409: Höck, Bemerkungen, 49–52]. In Württemberg etablierte sich der Pietismus in der breiten Bevölkerung; Frömmigkeit spiegelte sich im Buchbesitz als „erbauliche Anwendung der Erkenntnis Jesu Christi in der Heiligen Schrift“ [410: Medick, Weben, 474, 475–479].

Pietismus und innergemeindliche Spannungen

Allerdings wird die Verbreitung des Pietismus in Württemberg auch mit der wachsenden sozialen Differenzierung innerhalb der Bevölkerung und als Ausdruck des Verfalls älterer gemeinsamer Formen der Geselligkeit in Zusammenhang gebracht [404: Findeisen, Pietismus]. Im Verlauf des 18. Jahrhunderts wurde die Grenze zwischen den Polen einer schriftlichen, gelehrten und einer auf Mündlichkeit und Bildlichkeit beruhenden Frömmigkeit im Zuge der schrittweisen Alphabetisierung breiterer Bevölkerungsschichten jedoch noch durchlässiger, als sie es ohnehin schon war.

Neue Auffächerung der Frömmigkeitsformen

Zugleich wurden die neuen Kontroversen im Zeichen der Aufklärung über die rechte Natur der Frömmigkeit intensiv rezipiert. Andreas Gestrich untersuchte, wie den Untertanen im Gefolge der Absage an Hexenverfolgungen durch die aufgeklärte Obrigkeit die Mechanismen genommen wurden, ihre Verdächtigungen wegen Schadenszauber institutionell zu verfolgen, an denen sie gleichwohl unverändert festhielten. Der württembergische Pietismus stand nun seit den 1740er Jahren ganz im Zeichen der Naherwartung des „Tausendjährigen Reiches“ am 18. 6. 1836. Allein in einem näher untersuchten württembergischen Walddorf sammelten sich gegen Ende des 18. Jahrhunderts fromme Lutheraner um einen Bauernsohn, es bildeten sich chiliastische Gruppen in ausgesprochener Distanz zur Amtskirche, besonders die Gruppe der „Seelig-Hochseeligen“. Diese Gruppen richteten sich gegen die Gesangbuch-Reform der Aufklärungstheologie, die in der Renuntiationsformel auf die Absage an den Teufel zugunsten der Absage an Unglauben verzichtet hatte, während die pietistischen Gruppierungen an der Realpräsenz des Teufels festhielten. Gleichzeitig nahmen wachsende Teile der Unterschichten an häuslicher Andacht teil [siehe auch 410: Medick, Weben, 495–499]. Es handelte sich bei diesen Divergenzen also noch weniger als zuvor um Auseinandersetzungen, die in erster Linie die Unterschichten von den gelehrten Ständen trennten. Gestrich vermutet darüber hinaus, das Ende der Hexenverfolgungen habe den Wunsch nach innerer Selbstreinigung verstärkt und damit dem chiliastischen Pietismus den Boden bereitet [406: GESTRICH, Pietismus, 284 f.].

Neue Pluralität der Frömmigkeitsformen

Weil die innerkirchliche Kritik an den vermeintlich nur äußerlichen Frömmigkeitsformen des konfessionellen Zeitalters auch von Angehörigen der Unterschichten rezipiert wurden, selbst in ein und derselben Gemeinde andere aber an voraufklärerischen Frömmigkeitsformen festhielten, begann die Auflösung des wenigstens in ländlichen Gemeinden häufig bis dahin noch einheitlichen Verhaltens der einfachen Bevölkerung [410: MEDICK, Weben, 501]. Die Kritik der Aufklärung an der Volksfrömmigkeit kann daher nicht ohne weiteres als Beleg für den tatsächlichen Bestand einer, wenigstens in ihrer Distanz zur theologischen Aufklärung, homogenen Volkskultur gewertet werden. Daneben werden selbst in eher abgelegenen Gegenden die ersten Umrisse einer Konsumkultur sichtbar, die weder ständische Repräsentationsformen spiegelte, noch frommen Bedürfnissen geschuldet war, sondern Repräsentationsbedürfnisse über die Grenzen der ständischen Ordnung hinweg befriedigte und insofern als Beginn einer Massenkonsumkultur bewertet wird [410: MEDICK, Weben, 409–441].

Konsumkultur

6. Verhältnis zu den Juden

Heterogenität der Kontakte

In jüngerer Zeit sind die populären Vorstellungen von den Juden näher untersucht worden. Einerseits hat die Erforschung der Kontakte zwischen Juden und Christen in einer Vielzahl von Rollen – zwischen Ärzten und Kranken, unter Händlern und Dieben und in einer Vielzahl nachbarschaftlicher Beziehungen – das Bild der Forschung verändert. Die Vermutung einer einfachen Beziehung zwischen dem Antijudaismus der Frühen Neuzeit und dem modernen Antisemitismus des 19. und 20. Jahrhunderts wurde dabei weiter unterminiert [106: ULBRICH, Shulamit, 257–260; 429: HERTZ, Contacts, 151–154; 442: WALZ, Antisemitismus]. Zugleich ist die bedeutende Rolle antijüdischer Vorstellungen in populären Frömmigkeitspraktiken und die Bedeutung antijüdischer Stereotype im Zusammenhang mit obrigkeitskritischer Pamphletistik und dem Sozialprotest von Unterschichten und Handwerkern gegen die städtische Obrigkeit, sei es in Nürnberg 1498/99 oder in Regensburg

Antijudaismus in der Volkskultur

1518/19, unumstritten [425: EBELING, Juden, 100–103; 430: HERZIG, Juden, 11–16; 433: PO-CHIA HSIA, Jew, 164f.; 437: MINTY, Judengasse, 76f.; 438: OBERMAN, Wurzeln, 97–155; 441: TOCH, Denken, 1–22]. An der Existenz tief verwurzelter antijüdischer Vorurteile kann nicht gezweifelt werden. Ob sie sich im Einzelfall auf religiös oder „rassisch" begründete Vorurteile stützten oder ob ihre Vertreter unter den Unterschichten ihre Behauptungen glaubten oder nur Vorurteile wiederholten, deren Einsatz beispielsweise gegenüber der Obrigkeit Erfolg zu versprechen schien, bleibt umstritten [442: WALZ, Antisemitismus, 734–737; 197: VON FRIEDEBURG, Gesellschaft]. Die Forschung hat sich bei der Untersuchung dieser Frage den Beziehungen zwischen den Unterschichten und ihren jüdischen Nachbarn zugewandt. Studien mit dem Schwerpunkt auf der Untersuchung antijüdischer Aufstände kommen notwendig zu einer kritischen Bestandsaufnahme der christlich-jüdischen Beziehungen. Sie stellen diese Beziehung in der Regel in den Kontext der Auseinandersetzung der Untertanen mit der Obrigkeit [423: ASCHOFF, Simon, 31–40; 428: ERB, Hund; 433: PO-CHIA HSIA, Jew, 165; 434: PO-CHIA HSIA, Juden, 216–218]. Studien, die vor allem das alltägliche Miteinander akzentuieren, wiegen demgegenüber die alltäglichen Kontakte, die Kooperation und die Formen der Geselligkeit, beispielsweise im Wirtshaus, zwischen jüdischen und christlichen Nachbarn gegenüber den alltäglichen Animositäten ab [106: ULBRICH, Shulamit, 267–276; 257: ULLMANN, Kontakte, 295–302, 310–313; 435: KASPER-HOLTKOTTE, Juden, 180–188; 436: MAGNUS, Emancipation, 12–26]. Konflikte zwischen städtischen bzw. ländlichen Gemeinden und ihrer Obrigkeit brachten diese fragile Balance ins Wanken und ermutigten Übergriffe, nicht zuletzt, weil Angriffe auf die jüdischen Nachbarn ein probates Mittel schienen, die Wehrhaftigkeit der Obrigkeit zu testen [106: ULBRICH, Shulamit, 258–59; 197: VON FRIEDEBURG, Gesellschaft; 426: DEVENTER, Abseits, 61–66, 79–81; 439: RIES, Bedeutung, 388–407; 440: RIES, Leben, 426–431]. Christliche Räuber scheinen vereinzelt auch auf die Existenz antijüdischer Vorurteile bei Behörden und bei der breiten Bevölkerung gesetzt zu haben, wenn sie gezielt jüdische Händler überfielen [229: FRANKE, Schinderhannes, 120–129].

Antijüdische Aufstände

Miteinander im Alltag

7. Geschlechterbeziehungen

Die jüngere Forschung enthält eine Fülle unterschiedlicher Zugriffe. Dazu zählen die Untersuchung von Gerichtsakten, des Verhältnisses von Krieg und Geschlechterrollen [309: SCHULTE, Welt, 9–14], von

Recht und Praxis der Ehe, des Zugangs zu Berufsgruppen und der Frage nach Momenten geschlechtsspezifischer Sozialisation [292: HAGEMANN, Reflexionen, 18–31; 303: ROPER, Haus, 228–233; 312: ULBRICHT, Einleitung, 1–37]. Angesichts der Vielfalt der Problemstellungen besteht Konsens vor allem über die Gebrochenheit und Uneinheitlichkeit historischen Wandels auch im Hinblick auf die Entstehung und Veränderung geschlechtlich zugeschriebener Rollen und Verhaltensmuster. Unstrittig ist weiter, dass diese Muster vor dem Hintergrund christlicher Vorverständnisse über die Inferiorität der Frau [281: BOCK, Frauen, 15–52; 319: WUNDER, Kriminalität, 49–51] zu verstehen sind, an die sich die Zuordnung sozialer und ethischer Kompetenzen – bzw. ihres Fehlens – knüpfen konnte. Zugleich wird jedoch auf die Möglichkeit von Spielräumen eigenständigen Verhaltens auch innerhalb der Erwartungen an eine christliche Frau in der Frühen Neuzeit hingewiesen [307: RUBLACK, Crimes, 200f.; 318: WUNDER, Frauen, 7–31]. Die Folgen der Aufklärung und der Auflösung der ständischen Gesellschaft werden unterschiedlich gewichtet. Neben die Betonung wachsender Handlungsspielräume trat der Hinweis auf neue Beschränkungen [281: BOCK, Frauen, 46–83; 318: WUNDER, Frauen, 30f., 250–254].

Uneinheitlichkeit der Wandlungsprozesse

Christentum und Inferiorität der Frau

Frühneuzeitliche Rollenbilder

Gewalt

Neben fundamentalen Ungleichheiten und ihrer Auswirkung auf den Alltag – beispielsweise im Zusammenhang mit innerehelicher oder außerehelicher Gewalt [290: HABERMAS, Frauen, 111–114; 294: HOHKAMP, Gewalt; 307: RUBLACK, Crimes, 202–207] – hat die Forschung auf die unterschiedliche Wirkung gesamtgesellschaftlicher Wandlungsprozesse auf Frauen bzw. Männer hingewiesen. Vermeintlich umfangreicheren Handlungsspielräumen in Spätmittelalter und im frühen 16. Jahrhundert [295: KOBELT-GROCH, Töchter, 164–168; 315: WIESNER, Women, 187–190] wurde deren Einengung im Verlauf des 16. und 17. Jahrhunderts entgegengestellt. In diese Entwicklung wurde nicht zuletzt der Ausschluss aus gewerblichen Arbeitsbereichen und die reformatorische Ehezucht gestellt [283: BURGHARTZ, Jungfräulichkeit; 303: ROPER, Haus, 13–53; 307: RUBLACK, Crimes, 256f.; 308: WIESNER, Women, 190–195; 318: WUNDER, Frauen, 70–75]. Auch öffentliche Vereinigungen wie die Gesellenbruderschaften, die ihrerseits den Zugang zu den knappen Stellen zu regeln suchten und zugleich für ihre Mitglieder Formen der Teilhabe am öffentlichen Leben ermöglichten, blieben den Männern vorbehalten [314: WESOLY, Lehrlinge, 246–262, 290–390]. Diese Veränderung wurde auch im Hinblick auf Krieg und Gewaltausübung untersucht [246: MÜLLER-WIRTHMANN, Raufhändel, 81; 292: HAGEMANN, Reflexionen, 23–26]. Die vorliegenden Studien zum Problem innerfamiliärer Gewalt und sexuellen

Einengung von Handlungsspielräumen

Missbrauchs lassen kaum eine Generalisierung zu [246: MÜLLER-WIRTHMANN, Raufhändel, 82; 307: RUBLACK, Crimes, 236–254]. Die Untersuchung von Geschlechterstereotypen in Flugschriften [302: ROGG, Anmerkungen, 51–57; 305: RUBLACK, Metze, 205–219; 317: WILTENBURG, Kriminalität, 219–226] und Gerichtsquellen [zu besonderen Deutungsproblemen 138: SCHWERHOFF, Köln, 178–182; 319: WUNDER, Kriminalität, 43, 48–55] hat gegenläufige Befunde über die erwarteten Verhaltensweisen von Frauen und Männern zu Tage gefördert. Auch uneheliche Mütter und deren Kinder konnten als Arbeitskräfte wohl gelitten sein. Anforderungen an finanzielle Alimentierung mussten jedoch mit Hilfe der Obrigkeit durchgesetzt werden, die ihrerseits zu einer deutlichen Verurteilung von Unehelichkeit neigte [289: GLEIXNER, Konstruktion, 211–215]. Auch die Frage nach der Ehre als Medium geschlechtsspezifischer Zuordnung von Rollen und Rechten hat ambivalente Befunde erbracht. Einerseits wurde dargelegt, dass Lebensalter und Stand als Determinanten der Ehre neben dem Geschlecht eine entscheidende Bedeutung besaßen. Dem Stand und Alter angemessenes, und d.h. die Ehre bewahrendes, Verhalten war jedoch zugleich auch spezifisch für die Geschlechter [246: MÜLLER-WIRTHMANN, Raufhändel, 79–110; 284: DINGES, Ehre, 126–135; 287: DÜRR, Ehre, 171–175; 293: HÄBERLEIN, Tod, 150f.]. Frauen wurden für bestimmte Verhaltensweisen wesentlich schwerer diskriminiert als Männer, beispielsweise wegen außerehelicher sexueller Kontakte und Alkoholkonsums [311: TLUSTY, Gender, 189–193].

Geschlechterstereotype

Ehre und Geschlecht

Geschlechterrollen und ständische Grenzen ergänzten sich auch. Susanna Burghartz schildert, wie die Frage des Anspruchs auf eine Heirat nach sexuellen Kontakten in die Unterscheidung solcher Frauen überleitete, deren Heiratsansprüche nach solchen Kontakten rechtlich durchsetzbar sein sollten, und solchen, bei denen dies nicht der Fall sein sollte [283: BURGHARTZ, Jungfräulichkeit, 16–23]. Ingrid Ahrendt-Schulte verglich die gelehrte Diskussion zur Schuldfrage von Hexen mit den Argumenten aus der breiten Bevölkerung. Während die eine geschlechtsspezifische Dispositionen zur Zauberei betonte, unterstrich die andere die Schuld gegenüber geschädigten Nachbarn [279: AHRENDT-SCHULTE, Zauberinnen, 242f.].

Geschlechterrollen als Aspekt ständischer Zuordnung

Unter den Untersuchungen spezieller Lebenssituationen [zum Bettel vgl. beispielsweise 276: SCHINDLER, Entstehung, 279–282; für plastische biografische Skizzen 106: ULBRICH, Shulamit] haben besonders Studien zur innerehelichen Situationen eine Fülle unterschiedlicher Befunde zu Tage gefördert, je nachdem, welcher Zeitpunkt, ob Stadt oder Land und welche Gruppierung untersucht wurde [159:

Vielfalt der Lebenssituationen und Befunde

Schnyder-Burghartz, Alltag, 256–300; 300: Möhle, Ehekonflikte, 192–196; 307: Rublack, Crimes, 198 f., 229 f.; 318: Wunder, Frauen, 65–88]. Insgesamt neigt die Forschung zur Vorsicht vor Verallgemeinerungen. Auch Eheleute aus den Unterschichten suchten eine Balance zwischen den gesellschaftlich vorgegebenen Hierarchien, auch innerhalb der Ehe, der christlich gebotenen Liebe und Fürsorge füreinander und der sowohl individuellen wie gemeinsamen Lösung der materiellen Bewältigung des alltäglichen Daseins zu erreichen. Diese Gesichtspunkte wurden wiederum durch den Wandel des Eheverständnisses überlagert [307: Rublack, Crimes, 229 f.; 318: Wunder, Frauen, 86–88]. Besonderes Interesse für die Geschichte der Geschlechterbeziehungen besitzen schließlich Lebenssituationen, die Ausschnitte der geschlechtsspezifischen Sozialisation spiegeln [daneben zu ereignisbedingten Situationen 309: Schulte, Welt, 62–71]. Renate Dürr untersuchte die Rolle der Mägde [168: Dürr, Mägde, 266–273; s.a. 313: Ulbricht, Vergeltung, 149–151] und die geschlechterspezifischen Rollen von Knechten und Mägden als unterstem „Hausstand". Während die Knechte tendenziell für spezialisiertere Aufgaben auch außerhalb des Haushalts im engeren Sinne eingesetzt wurden, blieben den Mägden häufig weniger spezialisierte und unbestimmtere Tätigkeitsbereiche im Haushalt selbst vorbehalten. Persönliche Unstimmigkeiten mit der Herrschaft galten daher als Scheitern der Mägde [168: Dürr, Mägde, 268 f.]. Sie vermutet darüber hinaus Differenzen in der Selbst- und Fremdsicht der Mägde und daraus innerhalb und außerhalb des Haushaltes resultierende Konflikte. Schließlich geht sie auf die Kategorie „Das Mensch" zur Bezeichnung der Mägde im Gegensatz zu den „Jungfrauen" als den Töchtern des Hauses ein [168: Dürr, Mägde, 271 f.].

Lebenssituationen

Geschlechtsspezifische Sozialisation

Vereinzelt weisen Untersuchungen männlicher Gruppen unter Räubern oder Soldaten auf Fragen der Sozialisation hin, ohne dass sich daraus ohne weiteres allgemeine Aussagen ableiten lassen [5: Kloosterhuis, Bürger; 227: Danker, Räuberbanden, 237–299; 229: Franke, Schinderhannes, 28 f.] Wegen der Fülle der Argumentationen, der Rollen- und Verhaltenszuschreibungen in der Frühen Neuzeit, die Geschlechtsrollen beschreiben, annehmen und benützen, ist die Geschlechtergeschichte ein wichtiges Instrumentarium zur Erörterung von Quellenbefunden geworden, sofern die Einbettung der Befunde in die anderen Zusammenhänge des zeitgenössischen Verständnisses gelingt [307: Rublack, Crimes, 198 f.].

Frage nach Wandel

Nicht zuletzt als Folge dieser besonders komplexen Ausgangslage kann die Frage nach dem Wandel in den Geschlechterbeziehungen bei den Unterschichten zu diesem Zeitpunkt noch nicht beantwortert werden. Schon grundlegende Kategorien der Bewertung von Ungleichheit bleiben ungeklärt. Wie wäre das Verhältnis ständischer Ehre und rechtsverbindlicher Vertretung zu bewerten, beispielsweise im Vergleich einer dem Tagelöhner ständisch überlegenen Ehefrau eines Stadtbürgers, die trotzdem nicht mit derselben Selbstverständlichkeit als Rechtsperson vor Gericht auftreten konnte wie der männliche Tagelöhner [318: WUNDER, Frauen, 246 f.]? Andererseits werden der zunehmende Ausschluss von gewerblichen Tätigkeiten [315: WIESNER, Women, 190–197], die rechtliche Diskriminierung spezifisch weiblicher Arbeitsorte und die Verurteilung des unverheirateten Lebens von Frauen als sittengefährdend [307: RUBLACK, Crimes, 256] im Sinne einer Verlustgeschichte der Frühen Neuzeit beschrieben. Können Fragen wie die nach der subjektiven Seite der Geschlechterbeziehungen, beispielsweise innerhalb der Ehe, je einer verallgemeinernden Antwort zugeführt werden? Noch bis in das ausgehende 18. Jahrhundert stellte die Ehe eine wichtige Voraussetzung für die Teilhabe an der ständischen Gesellschaft für die unterständischen Schichten dar, und sie ruhte zugleich auf der gegenseitigen Verpflichtung der Eheleute zu materieller Zuarbeit. Dem Ehepartner kamen daher rationale Erwartungen an sein Verhalten und seine Mitarbeit zu, auch wenn diese geschlechtsspezifisch codiert waren [300: MÖHLE, Ehekonflikte, 70–75, 81–82]. Solchen rationalen und durch die Organisation der ständischen Gesellschaft gesteuerten Erwartungen standen die persönlichen Erfahrungen einzelner Personen gegenüber, die sich beim jetzigen Stand der Forschung einer generalisierenden Zusammenfassung entziehen [307: RUBLACK, Crimes, 208 f.]. Das ist vermutlich ein Grund, warum jüngere Studien der Biografie gut dokumentierter einzelner Personen gewidmet wurden [18: ZEMON DAVIS, Woman, 203–216; 106: ULBRICH, Shulamit, 53–103].

Subjektive Erfahrung

8. Perspektiven der Forschung

Aus der Vielzahl möglicher Aspekte seien zwei Probleme herausgegriffen. Mentalität und Volkskultur der „kleinen Leute“ vor dem Hintergrund der Umbrüche im Bayern der Reichsgründungszeit und Industrialisierung spiegelt der Fall der Adele Spitzeder, an deren Schwindelbank vermutlich über 30000 „kleine Leute“ im Bayern der frühen *1870er* Jahre ihre Ersparnisse verloren [D. SCHUMANN, Der Fall der Adele Spitzeder, ZbLG 58 (1995) 991–1025]. Die Kultur der „kleinen

Verbindung zur Ideen-, Verfassungs- und Politikgeschichte

Leute" ist ein Forschungsgegenstand der gesamten Neueren Geschichte. Die Frage nach dem Wandel von Mentalität, Volk und Kultur im Zeitverlauf sollte daher nicht aus den Augen verloren werden, auch wenn die Skepsis gegen ältere Modelle sozialen und kulturellen Wandels ihre Berechtigung hat. Die Erforschung der Kultur der unterständischen Schichten ist besonders auf lokale Studien angewiesen. Sie erfordert jedoch zugleich in besonderer Weise die Verbindung solcher Studien mit übergreifenden Gesichtspunkten der Sozial-, Kunst-, Kirchen- und Frömmigkeitsgeschichte, um die lokalen Phänomene in ihrem unmittelbaren Bezug und in längerfristige Wandlungsprozesse einordnen zu können. Dies gilt ganz besonders für die deutsche Geschichte. Die Vielgestaltigkeit der Länder des Heiligen Römischen Reiches, die Fülle unterschiedlicher verfassungs-, kirchen- und sozial-, aber auch ereignisgeschichtlicher Umstände, die direkt auf die „Volkskultur" einwirkten, lassen Schlussfolgerungen oder gar Verallgemeinerungen aus einzelnen Studien ohne deren Einordnung in ihre vor allem auch politik-, ideen- und verfassungsrechtlichen Kontexte nicht zu. Auch methodische und begriffliche Anleihen aus anderen Disziplinen, beispielsweise der Anthropologie, entheben nicht dieser Notwendigkeit. Agrarstrukturen, politische Konflikte zwischen reichsständischen Obrigkeiten und innerhalb einzelner Territorien, Kriege und Konjunkturen, gelehrte Theologie und ständische Formen der Differenzierung waren Ausgangspunkt und Rahmenbedingung der kulturellen Ausdrucksformen auch der breiten Bevölkerung. Gerade die Volkskundler haben die Erforschung des Zusammenhangs selbst zwischen den privatesten Formen der Frömmigkeit und allgemeineren Wandlungsprozessen in Theologie und Kirche vorangetrieben [16: BAUSINGER, Welten; 359: BRÜCKNER, Amulett-Gebrauch]. Allein das Gewicht der reichsständischen Obrigkeit, mit welcher die Bevölkerung in einer Region konfrontiert war, bestimmte beispielsweise nachhaltig die Umgangsformen der Unterschichten untereinander und insofern auch die Volkskultur im weitesten Sinne. Die Volkskultur der Gemeinden schwacher Reichsstände im schwäbischen Reichskreis nahm andere Formen an als in Gemeinden armierter Reichsfürsten nördlich des Mains [97: LUEBKE, Majesties; 110: ZÜRN, Waldburg; 197: VON FRIEDEBURG, Gesellschaft]. Die Zukunft der Forschung wird in der noch stärkeren Rückbindung lokaler Detailstudien an die Befunde der Verfassungs-, Politik- und Kirchengeschichte liegen.

Subjektivität als Forschungsproblem

So wenig sich Anregungen aus der Anthropologie als Zauberstab eignen, um lokale und regionale Befunde jenseits ihrer Abhängigkeit von den Ereignissen und Veränderungen der „großen" Geschichte zu verallgemeinern, so sehr haben diese Anregungen doch befruchtend gewirkt. Das gilt besonders für die Erkenntnis, wie wenig konform und einheitlich die breite Bevölkerung zu irgendeinem Zeitpunkt der Frühen Neuzeit dachte, betete und handelte. Zwar haben sich im Lichte der Forschung die Vorstellung vom „Volk“, den „kleinen Leuten“ und ihrer vermeintlichen Widerspenstigkeit gegen die Obrigkeit weitgehend aufgelöst. Diese Auflösung ehemals zentraler erkenntnisleitender Kategorien hat jedoch wichtige neue Fragen über die Verarbeitung politischen, religiösen und gesellschaftlichen Wandels durch den Einzelnen aufgeworfen. Wenn sich die Frömmigkeit, das Verhältnis zur Kirche, zur Obrigkeit und zu den Nachbarn so differenziert darstellte, in welchem Verhältnis standen dann die ständischen, die alters- und geschlechtsspezifischen Vorgaben der Gesellschaft zur tatsächlichen Verarbeitung ihrer Ansprüche durch Einzelne? So kündigt sich in einer Reihe jüngerer Veröffentlichungen der Versuch an, Fragen nach der Perzeption der ständischen Lebenswelt durch einzelne Personen und deren Erleben zu beantworten [304: ROPER, Oedipus, 226–241]. Ohne deswegen die Bedeutung kollektiver Zuschreibung von Lebenschancen und die kollektive Sozialisation von Sichtweisen gerade in der ständischen Gesellschaft zu leugnen, stehen wir doch noch am Anfang bei der Erforschung der Deutung ganz unterschiedlicher kultureller und natürlicher Phänomene, von reformatorischen Predigten bis hin zu Gewitter und Hagelschauer, durch die breite Bevölkerung [324: JUSSEN/KOSLOFSKY, Reformation, 13–15]. Eine auch die Unterschichten einbeziehende Kultur- und Sozialgeschichte müsste mit dem Interesse an der kommunikativen Umsetzung ständischer Normen und Lebensformen und den Vorgaben für diese Normen aus der „Hochkultur“ zusammengebracht werden. Es käme darauf an, solche Studien nicht an Hand der Vorstellungen subjektiven Erlebens unserer Zeit zu beschreiben, sondern in den Kontext der ideen- und ereignisgeschichtlichen Zusammenhänge ihrer Zeit zu stellen. Der Brückenschlag zwischen der Geschichte der Gelehrsamkeit und ihrer Rezeption – im vollen Sinne des Wortes – wie sie in vereinzelten beispielhaften Sammlungen bereits vorliegt [exemplarisch: 91: HINRICHS/WIEGELAMNN, Wandel], bleibt eine Aufgabe der künftigen Forschung.

III. Quellen und Literatur

Außer den hier angegebenen Abkürzungen entsprechen die Abkürzungen den Siglen der Historischen Zeitschrift.

JbVk	= Jahrbuch für Volkskunde
PuN	= Pietismus und Neuzeit
SOWI	= Sozialwissenschaftliche Informationen für Wissenschaft und Unterricht
ZHG	= Zeitschrift des Vereins für hessische Geschichte und Altertumskunde

A. Quellen und Bibliografien

1. H. BOEHNCKE/R. JOHANNSMEIER (Hrsg.), Das Buch der Vaganten. Köln 1987.
2. H. BOEHNCKE/H. SARKOWICZ (Hrsg.), Die deutschen Räuberbanden. 3 Bde. Frankfurt a.M. 1991.
3. A. HERZIG/R. SACHS (Hrsg.), Der Breslauer Gesellenaufstand von 1793. Die Aufzeichnungen des Schneidermeisters Johann Gottlieb Klose. Göttingen 1987.
4. F. KEINEMANN (Hrsg.), Westfalen um 1800. Hamm 1978.
5. J. KLOOSTERHUIS (Hrsg.), Bürger, Bauern und Soldaten. Quellen zur Sozialisation des Militärsystems im preußischen Westfalen 1713–1803. Münster 1992.
6. W. NEUGEBAUER (Hrsg.), Schule und Absolutismus in Preußen. Akten zum preußischen Elementarschulwesen bis 1806. Berlin 1992.
7. O. PELC (Hrsg.), Gründliche Nachricht des St. Annen Armen- und Werck-Hauses in Lübeck von 1735. Lübeck 1990.
8. E. SAGARRA, Quellenbibliographie zur Rechts-, Sozial- und Literaturgeschichte der Dienstboten (des Gesindes) ca. 1700–1918, in: Gesinde im 18. Jahrhundert. Hrsg. v. G. Frühsorge. Hamburg 1995, 431–458.

9. J. SCHLUMBOHM (Hrsg.), Kinderstuben. Wie Kinder zu Bauern, Bürgern, Aristokraten wurden 1700–1850. München 1983.
10. M. O. ULBRICH (Hrsg.), Versöhnt und Vereinigt. Die badische Kirchenzensur in der Gemeinde Weil 1741–1821. Binzen 1997.

B. Literatur

1. Begriffsbestimmung

1.1 Abgrenzung der Personengruppe

11. A. R. BENSCHEIDT, Kleinbürgerlicher Besitz. Nürtinger Handwerkerinventare von 1660–1840. Münster 1985.
12. H. SCHULTZ, Das ehrbare Handwerk. Zunftleben im alten Berlin zur Zeit des Absolutismus, Weimar 1993.
13. S. WITTIG-MESSEMER, Privater Bücherbesitz in Nürnberg und den umliegenden Gebieten im 17. und 18. Jahrhundert. Diss. Nürnberg 1996.
14. G. WUNDER, Die Bürger von Hall. Sigmaringen 1980.
15. H. WUNDER, „Iusticia, Teutonice Fromkeyt". Theologische Rechtfertigung und bürgerliche Rechtschaffenheit, in: Die frühe Reformation als Umbruch. Hrsg. v. B. Moeller. Gütersloh 1997, 307–332.

1.2 Forschungsgeschichte – Eingrenzung der Gegenstände

16. H. BAUSINGER, Traditionale Welten. Kontinuität und Wandel in der Volkskultur, HZ 241 (1985) 265–286.
17. A. CORBIN, Le village des cannibales. Paris 1990.
18. N. ZEMON DAVIS, Women at the margins. Three seventeenth century lives. Cambridge 1995.
19. N. ZEMON DAVIS, Society and Culture in Early Modern France. Stanford 1975.
20. M. DINGES, Frühneuzeitliche Armenfürsorge als Sozialdisziplinierung? Probleme mit einem Konzept, in: GG 17 (1991) 5–29.
21. M. DINGES, Die Ehre als Thema der Historischen Anthropologie, in: 252: 29–62.
22. M. DOUGLAS, Ritual, Tabu und Körpersymbolik: Sozialanthropologische Studien in Industriegesellschaft und Stammeskultur. Frankfurt a. M. 1974.
23. R. VAN DÜLMEN, Historische Anthropologie. Köln 2000.

24. N. ELIAS, Über den Prozeß der Zivilisation (1939). Bd. 1. Bern 1969.
25. Forum – Diskussion, in: Historische Anthropologie 1 (1993) 294–312.
26. J. G. FRAZER, The Golden Baugh (1936). Dt.: Der Goldene Zweig. Eine Studie über Religion und Magie. Frankfurt a. M. 1977.
27. A. GINGRICH, Für eine neue sozialanthropologische Zeitschrift, in: Historische Anthropologie 1 (1993) 163–168.
28. C. GINZBURG, Mikro-Historie. Zwei oder drei Dinge, die ich von ihr weiß, in: Historische Anthropologie 1 (1993) 169–192.
29. C. GINZBURG, Der Käse und die Würmer: Die Welt eines Müllers um 1600. Frankfurt a.M. 1979.
30. C. GINZBURG, Les Batailles nocturnes: sorcellerie et rituells agraires en Frioul XVI–XVIIe siècle. Lagrasse 1980.
31. C. GINZBURG, Spurensicherung. Über verborgene Geschichte, Kunst und soziales Gedächtnis. Frankfurt a.M. 1988
32. C. GINZBURG, Charivari, assoziazioni giovanili, caccia selvaggia, in: Quadernici storici 49 (1982) 164–177. Dt. in: 31: 59–77.
33. K. v. GREYERZ, Sanctity, Deviance and the People of Late Medieval and Early Modern Europe, in: Comparative Studies in Society and History 27 (1985) 280–295.
34. D. GROH, Einführung, in: E. P. Thompson, Plebeische Kultur und moralische Ökonomie: Aufsätze zur englischen Sozialgeschichte des 18. und 19. Jahrhunderts. Hrsg. v. D. Groh. Frankfurt a. M. 1980, 5–28.
35. R. HABERMAS, Einleitung, in: R. Habermas (Hrsg.) Das Schwein des Häuptlings. Beiträge zur historischen Anthropologie. Berlin 1992, 7–20.
36. W. HANSEN (Hrsg.), Das deutsche Bauerntum. Seine Geschichte und Kultur. Berlin 1938.
37. K. HAUSEN, Historische Anthropologie – ein historiographisches Programm, in: Historische Anthropologie 5 (1997) 454–462.
38. G. IPSEN, Das Landvolk. Eine soziologische Untersuchung. Hamburg 1933.
39. G. IPSEN, Agrarverfassung III: Das Landvolk, in: Handwörterbuch des Grenz- und Auslandsdeutschtums. Breslau 1933, 37–52.
40. G. IPSEN, Das Dorf als Beispiel einer echten Gruppe, in: Archiv für angewandte Soziologie 1 (1929) 22–41.
41. W. JACOBEIT, Völkische Wissenschaft: Gestalten und Tendenzen der deutschen und österreichischen Volkskunde des 20. Jahrhunderts. Wien 1994.

42. U. Jeggle, Volkskunde im 20. Jahrhundert, in: Grundriß der Volkskunde. Hrsg. v. R. W. Brednich. Berlin 1994^2, 51–72.
43. G. Lottes, Disziplin und Emanzipation. Das Sozialdisziplinierungskonzept und die Interpretation der frühneuzeitlichen Geschichte, in: WestfF 42 (1992) 192–214.
44. G. Lottes, Volkskultur im Absolutismus – Zerstörte oder eigenständige Lebensweise?, in: SOWI 12 (1983) 238–245.
45. A. Macfarlane, The origins of English individualism: the family, property and social transition. Oxford 1978.
46. B. K. Malinowski, Eine wissenschaftliche Theorie der Kultur. (1944) Zürich 1949.
47. H. Medick (Hrsg.), Mikrohistorie. Neue Pfade in die Sozialgeschichte. Frankfurt a.M. 1994.
48. H. Medick, Emotionen und materielle Interessen. Göttingen 1984.
49. H. Medick, „Missionare im Ruderboot?". Ethnologische Erkenntnisweisen als Herausforderung an die Sozialgeschichte, in: GG 3 (1984) 295–319.
50. D.-R. Moser, Altersbestimmung des Märchens, in: Enzyklopädie des Märchens 1 (1975) 407–419.
51. A. Nitschke, Soziale Ordnungen im Spiegel der Märchen. 2 Bde. Stuttgart 1976/77.
52. R. Muchembled, Culture populaires et cultures des élites dans la France moderne (XVe au XVIIIe siècle). Paris 1978. Dt: Kultur des Volkes, Kultur der Eliten: die Geschichte einer erfolgreichen Verdrängung. Stuttgart 1982.
53. R. Muchembled, La societé policeé: politique et plitess en France du XVIe au XXe siècle. Paris 1998.
54. R. Muchembled, Elias und die neuere historische Forschung in Frankreich, in: Norbert Elias und die Menschenwissenschaften. Studien zur Entstehung und Wirkungsgeschichte seines Werkes. Hrsg. v. K.-S. Rehberg. Frankfurt a.M. 1996, 264–274.
55. Hans Naumann, Deutsche Volkskunde. (1922) Leipzig 1935.
56. G. Oestreich, Policey und Prudentia Civilis in der barocken Gesellschaft von Stadt und Staat, in: Strukturprobleme der frühen Neuzeit. Hrsg. v. B. Oestreich. Berlin 1981, 367–379
57. G. Oestreich, Friedrich Wilhelm I.: Preußischer Absolutismus, Merkantilismus, Militarismus. Göttingen 1977.
58. D. W. Sabean, Power in the blood. Popular culture and villages discourse in early modern Germany. Cambridge 1984.
59. H. Schilling (Hrsg.), Kirchenzucht und Sozialdisziplinierung im frühneuzeitlichen Europa. Berlin 1994.

60. N. SCHINDLER, Für eine Geschichte realer Möglichkeiten, in: N. Z. Davis, Humanismus, Narrenherrschaft und die Riten der Gewalt. Gesellschaft und Kultur im frühneuzeitlichen Frankreich. Frankfurt a.M. 1987, 328–349.
61. N. SCHINDLER, Widerspenstige Leute. Studien zur Volkskultur. Frankfurt a.M. 1992.
62. N. SCHINDLER, Karneval, Kirche und die verkehrte Welt. Zur Funktion der Lachkultur im 16. Jahrhundert, in: JbVk 7 (1984) 9–57.
63. L. SCHORN-SCHÜTTE, Albert Hauck (1845–1918), in: Vorträge der festlichen Veranstaltung aus Anlaß seines 150. Geburtstages in der theologischen Fakultät der Universität Leipzig. Hrsg. v. G. Wartenberg. Leizpig 1999, 33–46.
64. L. SCHORN-SCHÜTTE (Hrsg.), Alteuropa oder Frühe Moderne: Deutungsmuster für das 16. bis 18. Jahrhundert aus dem Krisenbewußtsein der Weimarer Republik in Theologie, Rechts- und Geschichtswissenschaft. Berlin 1999.
65. G. SCHUCK, Überlegungen zum Verhältnis von Arbeit und Policey in der Frühen Neuzeit, Ius Commune 22 (1995) 121–150.
66. W. SCHULZE, G. Oestreichs Begriff der „Sozialdisziplinierung in der Frühen Neuzeit", in: ZHF 14 (1987) 265–302.
67. G. SCHWERHOFF, Zivilisationsprozeß und Geschichtswissenschaften. Norbert Elias' Forschungsparadigma in historischer Sicht, in: HZ 266 (1998) 561–605.
68. K. D. SIEVERS, Fragestellungen der Volkskunde im 19. Jahrhundert, in: Grundriß der Volkskunde. Hrsg. v. R. W. Brednich. Berlin 1994², 31–50.
69. M. STOLLEIS (Hrsg.), Policey im Europa der Frühen Neuzeit. Frankfurt a.M. 1996.
70. E. P. THOMPSON, Plebeische Kultur und moralische Ökonomie: Aufsätze zur englischen Sozialgeschichte des 18. und 19. Jahrhunderts. Frankfurt a.M. 1980.
71. E. P. THOMPSON, The Making of the English Working Class. (1963) Harmondsworth 1968².
72. E. P. THOMPSON, Plebeische Kultur und moralische Ökonomie. Frankfurt a.M. 1980
73. E. P. THOMPSON, The Moral Economy of the English Crowd in the 18th Century, in: P & P 50 (1971) 76–136, dt.: Die moralische Ökonomie der englischen Unterschichten im 18. Jahrhundert, in: 72: 67–130.
74. E. P. THOMPSON, Patrician Society, Plebeian Culture, in: JSocH 7

(1974) 382–405, dt. in: Patrizische Gesellschaft, plebeische Kultur, in: 72: 169–202.

75. E. P. THOMPSON, Folklore, Anthropology and Social History, in: The Indian Historical Review (1978) 247–266, dt. in: Volkskunde, Anthropologie und Sozialgeschichte, in: 72: 290–318.
76. E. WEBER, Peasants into Frenchmen. Stanford 1977.

1.3 Forschungszugriffe – Forschungsthemen – Fragestellungen

77. A. BECKER, Pfälzer Volkskunde. Bonn 1926. Neudruck Frankfurt a.M. 1979.
78. P. BIERBRAUER, Freiheit und Gemeinde im Berner Oberland 1300–1700. Bern 1991.
79. A. BLAUERT/G. SCHWERHOFF (Hrsg.), Kriminalitätsgeschichte. Konstanz 2000.
80. P. BLICKLE, Untertanen in der Frühneuzeit, in: VSWG (70) 1983 483–522.
81. R. v. DÜLMEN, Der ehrlose Mensch: Unehrlichkeit und soziale Ausgrenzung in der frühen Neuzeit. Köln 1999.
82. R. v. DÜLMEN, Reformation als Revolution: Soziale Bewegung und religöser Radikalismus in der deutschen Reformation. Frankfurt a.M. 1987[2].
83. R. v. DÜLMEN (Hrsg.), Studien zur historischen Kulturforschung. 5 Bde. Frankfurt a.M. 1988–1996.
84. R. v. DÜLMEN (Hrsg.), Kultur der einfachen Leute. Bayerisches Volksleben vom 16. bis zum 19. Jahrhundert. München 1983.
85. R. v. DÜLMEN, Theater des Schreckens: Gerichtspraxis und Strafrituale in der frühen Neuzeit. München 1988.
86. R. v. DÜLMEN, Kultur und Alltag in der frühen Neuzeit. 3 Bde. München 1995[2].
87. R. VAN DÜLMEN (Hrsg.), Arbeit, Frömmigkeit, Eigensinn. Frankfurt a.M. 1990.
88. M. FRANK, Dörfliche Gesellschaft und Kriminalität. Das Fallbeispiel Lippe 1650–1800. Paderborn 1995.
89. R. v. FRIEDEBURG, Frömmigkeitspraxis, gemeindliche Sittenzucht und Amtskirche: Die Kirchenzucht des lutherischen Kirchspiels Caldern, Oberhessen, im 18. Jahrhundert, in: Praxis Pietatis. Beiträge zu Theologie und Frömmigkeit in der Frühen Neuzeit. Hrsg. v. H. J. Nieden/M. Nieden. Stuttgart 1999, 257–272.
90. R. HAFTLMEIER-SEIFFERT, Bauerndarstellungen auf deutschen Flugblättern des 17. Jahrhunderts. Frankfurt a.M. 1991.
91. E. HINRICHS/G. WIEGELMANN (Hrsg.), Sozialer und kultureller

Wandel in der ländlichen Welt des 18. Jahrhunderts. Wolfenbüttel 1982.

92. W. HOFFMANN, Rheinhessische Volkskunde. Bonn 1932. Neudruck Frankfurt a.M. 1980.
93. H. H. HOFMANN, Freibauern, Freidörfer, Schutz und Schirm im Fürstentum Ansbach. Studien zur Genesis der Staatlichkeit in Franken, in: ZBLG 23 (1960) 195–327.
94. K.-S. KRAMER, Volksleben im Hochstift Bamberg und im Fürstentum Coburg, 1500–1800. Würzburg 1967.
95. K.-S. KRAMER, Grundriß der rechtlichen Volkskunde. Göttingen 1974.
96. B. LENMAN/G. PARKER, The State, the Community and the Criminal Law in Early Modern Europe, in: The Social History of Crime in Western Europe since 1500. Hrsg. v. V. Gatrell/B. Lenman/G. Parker. London 1980, 11–42.
97. D. LUEBKE, His Majesties' Rebels: Communities, Factions and Rural Revolt in the Black Forest, 1725–1745. Ithaca 1997.
98. B. RAJKAY, Verflechtung und Entflechtung. Sozialer Wandel in einer bikonfessionellen Stadt. Oettingen 1560–1806. Augsburg 1999.
99. T. ROBISHEAUX, Rural Society and the Search for Law and Order in Early Modern Germany. Cambridge 1989.
100. B. ROECK, Außenseiter, Randgruppen, Minderheiten. Göttingen 1993.
101. D. W. SABEAN, Kinship in Neckarhausen 1700–1870. Cambridge 1998.
102. R. W. SCRIBNER, „Communalism: Universal Category or Ideological Construct“, in: HJ 242 (1986) 529–556.
103. J. C. THEIBAULT, Rural Life in Hesse-Cassel and the Thirty Years War, 1580–1720. New Jersey 1995.
104. G. SPITTLER, Herrschaft über Bauern. Die Ausbreitung staatlicher Herrschaft in einer islamischen urbanen Kultur in Gobir (Niger). Frankfurt a.M. 1988.
105. G. SPITTLER, Abstraktes Wissen als Herrschaftsbasis. Zur Entstehung der bürokratischen Herrschaft im Bauernstaat Preußen, in: KZSS 32 (1980) 574–604.
106. C. ULBRICH, Shulamit und Margarethe: Macht, Geschlecht und Religion in einer ländlichen Gesellschaft. Wien 1999.
107. R. WALZ, Dörfliche Hexenprozesse, in: Kultur und Staat in der Provinz. Perspektiven und Erträge der Regionalgeschichte. Hrsg. v. S. Brakensiek u.a. Bielefeld 1992, 281–314.

108. G. WIEGELMANN (Hrsg.), Wandel der Alltagskultur seit dem Mittelalter. Münster 1987.
109. K. WRIGHTSON, Two Concepts of Order: Justices, Constables and Jurymen in Seventeenth Century England, in: An Ungovernable People. The English and their Law in the Seventeenth and Eighteenth Centuries. Hrsg. v. J. Brewer/J. Styles London 1980, 21–46.
110. M. ZÜRN, „Ir aigen Libertet". Waldburg, Habsburg und der bäuerliche Widerstand an der oberen Donau 1590–1790. Tübingen 1998.

2. *Grundzüge der Lebensweisen der unterständischen Schichten*

2.1 Die Stadt

111. P. ASSION, Altes Handwerk und frühe Industrie im deutschen Südwesten. Freiburg 1978.
112. S. BREDEHÖFT u.a., Die Sozialstruktur der Stadt Oldenburg, in: Sozialstruktur der Stadt Oldenburg 1630 und 1678. Hrsg. v. K. Krüger. Oldenburg 1986, 183–240.
113. D. EBELING, Bürgertum und Pöbel. Wirtschaft und Gesellschaft Kölns im 18. Jahrhundert. Köln 1987.
114. U. EISENBACH, Zuchthäuser, Armenanstalten und Waisenhäuser in Nassau. Wiesbaden 1994.
115. E. FRANÇOIS, Unterschichten und Armut in rheinischen Residenzstädten des 18. Jahrhunderts, in: VSWG 62 (1975) 433–464.
116. N. FINZSCH, Obrigkeit und Unterschichten. Zur Geschichte der rheinischen Unterschichten gegen Ende des 18. und zu Beginn des 19. Jahrhunderts. Stuttgart 1990.
117. G. FOUQUET, „Annäherungen": Große Städte – Kleine Häuser. Wohnen und Lebensformen der Menschen im ausgehenden Mittelalter (ca. 1470–1600), in: Geschichte des Wohnens. Bd. 2. Hrsg. v. U. Dirlmeier. Stuttgart 1998, 347–501.
118. H. GÖTZ, Würzburg im 16. Jahrhundert. Würzburg 1986.
119. G. D. HEUMANN, Der Göttingische Ausruff von 1744. Neu herausgegeben und kommentiert von R. W. Brednich. Göttingen 1987.
120. W. v. HIPPEL, Armut, Unterschichten, Randgruppen in der Frühen Neuzeit. München 1995.
121. K. H. KAUFHOLD, Das Handwerk der Stadt Hildesheim im 18. Jahrhundert. Eine wirtschaftsgeschichtliche Studie. Göttingen 1980².

122. U. KNEVELKAMP, Das Heilig-Geist-Spital in Nürnberg vom 14.–17. Jahrhundert. Nürnberg 1989.
123. A. KÜNNE, Wirtschaftliche Leistungsfähigkeit 1789, in: Die Sozialstruktur der Städte Kiel und Altona um 1800. Hrsg. v. K. Krüger/S. Kroll. Neumünster 1998, 76–178.
124. M. LASCH, Untersuchungen über Bevölkerung und Wirtschaft der Landgrafschaft Hessen-Kassel und der Stadt Kassel. Kassel 1969.
125. T. MACK, „... dessen sich keiner bey Vermeidung unser Ungnade zu verweigern“. Die Sozialstruktur in der Stadt und Hausvogtei Oldenburg nach der Steuererhebung 1744. Oldenburg 1996.
126. F. D. MARQUARDT, The Manual Workers in the Social Order in Berlin under the Old Regime. Diss. phil. Berkeley 1973.
127. M. MEUMANN, Findelkinder, Waisenhäuser, Kindsmord. Unversorgte Kinder in der frühneuzeitlichen Gesellschaft. München 1995.
128. H. MILZ, Das Kölner Großgewerbe von 1750 bis 1835. Köln 1962.
129. C. MÜLLER, Karlsruhe im 18. Jahrhundert. Karlsruhe 1992.
130. R. REITH, Arbeits- und Lebensweise im städtischen Handwerk. Zur Sozialgeschichte Augsburger Handwerksgesellen im 18. Jahrhundert (1700–1806). Göttingen 1988.
131. B. ROECK, Bäcker, Brot und Getreide in Augsburg. Zur Geschichte des Bäckerhandwerks und zur Versorgungspolitik der Reichsstadt im Zeitalter des Dreißigjährigen Krieges. Sigmaringen 1987.
132. B. ROECK, Lebenswelt und Kultur des Bürgertums in der Frühen Neuzeit. München 1991.
133. H. SCHILLING, Die Stadt der Frühen Neuzeit. München 1993.
134. K. SCHULZ, Handwerksgesellen und Lohnarbeiter. Untersuchungen zur oberrheinischen Stadtgeschichte des 14. bis 17. Jahrhunderts. Sigmaringen 1985.
135. B. SICKEN, Fremde in der Stadt. Beobachtungen zur Fremdenpolitik und zur sozioökonomischen Attraktivität der Haupt- und Residenzstadt Würzburg gegen Ende des 18. Jahrhunderts, in: Europäische Städte im Zeitalter des Barock. Hrsg. v. K. Krüger, Köln 1988, 271–329.
136. K. D. SIEVERS/H.-P. ZIMMERMANN, Das disziplinierte Elend. Zur Geschichte der sozialen Fürsorge in schleswig-holsteinschen Städten 1542–1914. Neumünster 1994.
137. H. TERHALLE, Die Bevölkerung von Stadt und Kirchspiel Vreden im Jahre 1749. Vreden 1978.

138. G. SCHWERHOFF, Köln im Kreuzverhör. Bonn 1991.
139. K. J. UTHMANN, Sozialstruktur und Vermögensbildung im Hildesheim des 15. und 16. Jahrhunderts. Bremen 1957.
140. S. WULF, Arbeit und Nichtarbeit in norddeutschen Städten des 14. bis 16. Jahrhunderts. Hamburg 1991.

2.2 Das Land

141. R. BECK, Unterfinning. Ländliche Gesellschaft vor Anbruch der Moderne. München 1993.
142. R. ENDRES, Sozialer und kultureller Wandel in Franken und Bayern auf der Grundlage der Dorfordnungen, in: 91: 211–229.
143. G. T. FOX, Land Tenure, Feudalism, and the State in Eighteenth Century Hesse, in: R. Herr (Hrsg.), Themes in the Rural History of the Western World. Ames 1993, 99–139.
144. R. v. FRIEDEBURG, „*Reiche*", „*geringe Leute*" und „*beambte*": Dörfliche „*factionen*", gemeindliche Partizipation und Landesherrschaft, 1648–1806, in: ZHF 23 (1996) 219–265.
145. M. B. W. GEYER, Sozial- und Besitzverhältnisse unter geistlicher und weltlicher Grundherrschaft dargestellt an den Besitzungen des Stifts Backnang und an drei Strohgäudörfern unter württembergischer Herrschaft im Zeitraum von 1350–1545. Stuttgart 1978.
146. S. GÖTTSCH, „Alle für einen Mann ...". Leibeigene und Widerständigkeit in Schleswig Holstein im 18. Jahrhundert, Neumünster 1991.
147. B. HABICHT, Stadt- und Landhandwerk im südlichen Niedersachsen im 18. Jahrhundert. Göttingen 1983.
148. O. HÖTZSCH, Die wirtschaftliche und soziale Gliederung vornehmlich der ländlichen Bevölkerung im meissnisch-erzgebirgischen Kreise Kursachsens. Leipzig 1900.
149. H. HON-FIRNBERG, Lohnarbeiter und freie Lohnarbeit im Mittelalter und zu Beginn der Neuzeit. Ein Beitrag zur Geschichte der agrarischen Lohnarbeit in Deutschland. Baden 1935.
150. A. MAISCH, Notdürftiger Unterhalt und gehörige Schranken. Lebensbedingungen und Lebensstile in württembergischen Dörfern der frühen Neuzeit. Stuttgart 1992.
151. J. MOOSER, Ländliche Klassengesellschaft 1770–1848. Bauern und Unterschichten, Landwirtschaft und Gewerbe im östlichen Westfalen. Göttingen 1984.
152. W. OTTOLIEN, Die „Zuspätgekommenen". Ländliche Unterschichten in Lippe 1535–1883. Detmold 1993.

153. H. REYER, Die Dorfgemeinde im nördlichen Hessen. Marburg 1983.
154. B. SCHILDT, Bauern – Gemeinde – Herrschaft. Verfassung und Recht der Landgemeinde Thüringens in der frühen Neuzeit. Weimar 1996.
155. J. SCHLUMBOHM, Lebensläufe, Familien, Höfe. Die Bauern und Heuerleute des Osnabrückischen Kirchspiels Belm in protoindustrieller Zeit, 1650–1860. Göttingen 1994.
156. D. W. SABEAN, Landbesitz und ländliche Gesellschaft am Vorabend des Bauernkrieges: Eine Studie der sozialen Verhältnisse im südlichen Oberschwaben in den Jahren vor 1525. Stuttgart 1972.
157. D. W. SABEAN, Social Background to Vetterleswirtschaft, in: Frühe Neuzeit – Frühe Moderne? Hrsg. v. R. Vierhaus. Göttingen 1992, 113–132.
158. D. SAALFELD, Stellung und Differenzierung der ländlichen Bevölkerung Nordwestdeutschlands in der Ständegesellschaft des 18. Jahrhunderts, in: 91: 229–251.
159. A. SCHNYDER-BURGHARTZ, Alltag und Lebensformen auf der Basler Landschaft um 1700. Liestal 1992.
160. B. VITS, Die Wirtschafts- und Sozialstruktur ländlicher Siedlungen in Nordhessen vom 16. bis 19. Jahrhundert. Marburg 1993.
161. E. E. WEBER, Städtische Herrschaft und bäuerliche Untertanen in Alltag und Konflikt: Die Reichsstadt Rottweil und ihre Landschaft vom 30jährigen Krieg bis zur Mediatisierung. Rottweil 1992.
162. V. WEISS, Bevölkerung und soziale Mobilität. Sachsen 1550–1880. Berlin 1993.
163. B. WOLF, Unterbäuerliche Schichten im Hamburger Marschgebiet. Hamburg 1989.

2.3 Lebensphasen

164. H. BEISSNER, Altersversorgung und Kindesabfindungen auf dem Lande. Bielefeld 1995.
165. H. BRÄUER, Gesellen im sächsischen Zunfthandwerk des 15. und 16. Jahrhunderts. Weimar 1989.
166. S. BREIT, „Leichtfertigkeit" und ländliche Gesellschaft. Voreheliche Sexualität in der frühen Neuzeit. München 1991.
167. A. BRUNS, Die Arbeitsverhältnisse der Lehrlinge und Gesellen im städtischen Handwerk in Westdeutschland bis 1800. Köln 1938.

168. R. DÜRR, Mägde in der Stadt. Das Beispiel Schwäbisch Hall in der frühen Neuzeit. Frankfurt a.M. 1995.
169. C. JULIUS, Die Leute im Hause Balthasar. Eine Kaufmannsfamilie in Nürnberg um 1700. Weinheim 1991.
170. I. KALTWASSER, Häusliches Gesinde in der Freien Reichsstadt Frankfurt am Main. Frankfurt a.M. 1988.
171. U. KNEFELKAMP, Das Heilig-Geist-Spital in Nürnberg vom 14.–17. Jahrhundert. Nürnberg 1989.
172. T. KOHL, Familie und soziale Schichtung. Zur historischen Demographie Triers 1730–1860. Stuttgart 1985.
173. P. LÖFFLER, Studien zum Totenbrauchtum in den Gilden, Bruderschaften und Nachbarschaften Westfalens vom Ende des 15. bis zum Ende des 19. Jahrhunderts. Münster 1975.
174. H. MATTAUSCH, Das Beerdigungswesen der Freien Reichsstadt Nürnberg (1619–1806). Würzburg 1970.
175. M. MEUMANN, Findelkinder, Waisenhäuser, Kindsmord. Unversorgte Kinder in der frühneuzeitlichen Gesellschaft. München 1995.
176. O. PUCHNER, Die Lehrjungen des Nürnberger Schuhmacherhandwerks auf dem Land 1660–1808. Neustadt 1960.
177. W. REININGHAUS, Gewerbe in der Frühen Neuzeit. München 1990.
178. H. SAKUMA, Die Nürnberger Tuchmacher, Weber, Färber und Bereiter vom 14. bis 17. Jahrhundert. Nürnberg 1993.
179. R. SCHRÖDER, Das Gesinde war immer frech und unverschämt. Gesinde und Gesinderecht vornehmlich im 18. Jahrhundert. Frankfurt a.M. 1992.
180. K. SCHWARZ, Die Lage der Handwerksgesellen in Bremen während des 18. Jahrhunderts. Bremen 1975.
181. O. ULBRICHT, Kindsmord und Aufklärung in Deutschland. München 1990.

2.4 Erwerbsformen

182. R. BAUMANN, Landsknechte. Ihre Geschichte und Kultur vom späten Mittelalter bis zum Dreißigjährigen Krieg. München 1994.
183. M. CERMAN, Protoindustrialisierung und Grundherrschaft. Sozialstruktur, Feudalherrschaft und Textilgewerbe in Nordböhmen, in: Protoindustrie in der Region. Europäische Gewerbelandschaften vom 16. bis zum 19. Jahrhundert. Hrsg. v. D. Ebeling/W. Mager. Bielefeld 1997, 157–198.
184. C.-P. CLASEN, Die Augsburger Weber. Leistungen und Krisen des Textilgewerbes. Augsburg 1981.

185. H. KRÜGER, Zur Geschichte der Manufakturen und der Manufakturarbeiter in Preußen. Die mittleren Provinzen in der zweiten Hälfte des 18. Jahrhunderts. Berlin 1958.
186. W. MAGER, Protoindustrie und Protoindustrialisierung, in: GG 14 (1988) 275–303.
187. R. REITH, Lohn und Leistung. Lohnformen im Gewerbe 1450–1900. Stuttgart 1999.
188. B. SCHÖNE, Kultur und Lebensweise Lausitzer Bandweber (1750–1850). Berlin 1977.
189. B. SCHWEIZER/G. PIOT, Die Differenzierung im Kleingewerbe. Zum Begriff des „Vollflößers", in: Auf den Spuren der Flößer. Hrsg. v. H.-W. Kewehloh. Stuttgart 1988, 155–179.
190. T. SOKOLL, Bergbau im Übergang zur Neuzeit. Idstein 1994.
191. A. TAUSENDPFUND, Die Manufaktur im Fürstentum Neuburg. Nürnberg 1975.
192. P. K. TAYLOR, Indentured to Liberty. Peasant Life and the Hessian Military State. Ithaca 1994.
193. W. TROELSCH, Die Calwer Zeughandlungskompanie und ihre Arbeiter. Jena 1897.

3. Grundzüge der Kultur der unterständischen Schichten

3.1 Gemeindekultur

194. H. BERNER, Gemeinden und Obrigkeit im fürstbischöflichen Birseck. Herrschaftsverhältnisse zwischen Konflikt und Konsens. Listal 1994.
195. P. BIERBRAUER, Die Prediger-Reformation im Dorf, in: Itinera 8 (1988) 63–84.
196. P. BLICKLE, Gemeindereformation. Die Menschen des 16. Jahrhunderts auf dem Weg zum Heil. München 1985.
197. R. v. FRIEDEBURG, Ländliche Gesellschaft und Obrigkeit. Gemeindeprotest und politische Mobilisierung im 18. und 19. Jahrhundert. Göttingen 1997.
198. R. FUHRMANN, Christenrecht, Kirchengut und Dorfgemeinde. Überlegungen zur historischen Entwicklung kommunaler Rechte in der Kirche und deren Bedeutung für eine Rezeption der Reformation auf dem Lande, in: Itinera 8 (1988) 14–32.
199. R. C. HEAD, Early Modern Democracy in the Grisons. Social and Political Language in Swiss Mountain Canton, 1470–1620. Cambridge 1995.

200. N. LANDOLT, Untertanenrevolten und Widerstand auf der Basler Landschaft im 16. und 17. Jahrhundert, Basel 1996.
201. D. MEILI, Hexen in Wasterkingen. Magie und Lebensform in einem Dorf des frühen 18. Jahrhunderts. Wetzikorn 1979.
202. H. v. RÜTTE, Von der spätmittelalterlichen Frömmigkeit zum reformierten Glauben. Kontinuität und Bruch in der Religionspraxis der Bauern, in: Itinera 8 (1988) 33–44.
203. W. RUMMEL, Bauern, Herren und Hexen. Studien zur Sozialgeschichte sponheimischer und kurtrierischer Hexenprozesse 1574–1664. Göttingen 1991.
204. H. R. SCHMIDT, „Gemeinde-Reformation". Das bernische Sittengericht zwischen Sozialdisziplinierung und kommunaler Selbstregulation, in: Itinera 8 (1988) 85–121.
205. H. R. SCHMIDT, Sozialdisziplinierung?, in: HZ 265 (1997) 639–682.
206. H. R. SCHMIDT, Dorf und Religion. Reformierte Sittenzucht in Berner Landgemeinden der Frühen Neuzeit. Stuttgart 1995.

3.2 Sozialdisziplinierung – Kirchenzucht

207. M. BRECHT, Protestantische Kirchenzucht zwischen Kirche und Staat. Bemerkungen zur Forschungssituation, in: 59: 41–48.
208. M. BRECHT, Lutherische Kirchenzucht bis in die Anfänge des 17. Jahrhunderts im Spannungsfeld von Pfarramt und Gesellschaft, in: Die lutherische Konfessionalisierung in Deutschland. Hrsg. v. H.-C. Rublack. Gütersloh 1992, 400–420.
209. E. DILLMANN, Schule und Volkskultur im 18. und 19. Jahrhundert. Frankfurt a.M. 1995.
210. C. DIPPER, Ländliche Klassengesellschaft 1770–1848, in: GG 12 (1986) 244–253.
211. R. v. FRIEDEBURG, Sozialdisziplinierung in England? Soziale Beziehungen auf dem Lande zwischen Reformation und ‚Great Rebellion', 1550–1642, in: ZHF 17 (1990) 385–418.
212. R. JÜTTE, Obrigkeitliche Armenfürsorge in deutschen Reichsstädten der frühen Neuzeit. Städtisches Armenwesen in Frankfurt am Main und Köln. Köln 1984.
213. F. KONERSMANN, Kirchenregiment und Kirchenzucht im frühneuzeitlichen Kleinstaat. Speyer 1996.
214. P. MÜNCH, Zucht und Ordnung. Reformierte Kirchenverfassungen im 16. und 17. Jahrhundert (Nassau-Dillenburg, Kurpfalz, Hessen-Kassel). Stuttgart 1978.

215. W. NEUGEBAUER, Absolutistischer Staat und Schulwirklichkeit in Brandenburg-Preußen. Berlin 1985.
216. H. SCHILLING, Die Kirchenzucht im frühneuzeitlichen Europa in interkonfessionell vergleichender und interdisziplinärer Perspektive – eine Zwischenbilanz, in: 59: 11–40.
217. H. SCHNABEL-SCHÜLE, Überwachen und Strafen im Territorialstaat: Bedingungen und Auswirkungen strafrechtlicher Sanktionen im frühneuzeitlichen Württemberg. Köln 1997.
218. G. SCHORMANN, Der Krieg gegen die Hexen. Göttingen 1991.
219. G. SCHUCK, Theorien moderner Vergesellschaftung in den historischen Wissenschaften um 1900, in: HZ 268 (1999) 35–59.
220. J. C. STALNAKER, The Emergence of the Protestant Clergy in Central Germany: The Case of Hesse. Diss. Berkeley 1970.

3.3 Gegenkultur – Kriminalität

221. H. BETTENHÄUSER, Räuber- und Gaunerbanden in Deutschland. Ein Beitrag zum Versuch einer historischen Kriminologie, in: HessJbLG 75/76 (1964/65) 275–348.
222. A. BLAUERT, Sackgreifer und Beutelschneider. Konstanz 1993.
223. A. BLAUERT/G. SCHWERHOFF, Vorbemerkung, in: 224: 7–15.
224. A. BLAUERT/G. SCHWERHOFF (Hrsg.). Mit den Waffen der Justiz. Zur Kriminalitätsgeschichte des Spätmittelalters und der Frühen Neuzeit. Frankfurt a.M. 1993.
225. A. BLAUERT/G. SCHWERHOFF (Hrsg.), Kriminalitätsgeschichte. Konstanz 2000.
226. H. BRÄUER, Der Leipziger Rat und die Bettler. Leipzig 1997.
227. U. DANKER, Räuberbanden im Alten Reich um 1700. Frankfurt a.M. 1988.
228. C. DIPPER, Deutsche Geschichte 1648–1789. Frankfurt a.M. 1991.
229. M. FRANKE, Schinderhannes. Düsseldorf 1984.
230. R. JÜTTE, Der Prototyp des Vaganten, in: Das Buch der Vaganten. Hrsg. v. H. Boehncke/R. Johannsmeier. Köln 1987, 117–128.
231. R. JÜTTE, Poverty and Deviance in Early Modern Europe. Cambridge 1994.
232. F. KONERSMANN, Kirchenvisitation als landesherrliches Kontrollmittel und als Regulativ dörflicher Kommunikation, in: 225: 603–625.
233. A. KOPECNY, Fahrende und Vaganten. Berlin 1980.
234. C. KÜTHER, Räuber und Gauner in Deutschland. Das organisierte Bandenwesen im 18. und frühen 19. Jahrhundert. Göttingen 1979.

235. D. PREUSS/P. DIETRICH, Bericht vom poetischen Leben der Vaganten und Wegelagerer auf dem Winterhauch. Anrich 1978.
236. M. SPICKER-BECK, Räuber, Mordbrenner, umschweifendes Gesind. Freiburg 1995.

3.4 „Ehre“ und „unehrliche“ Personengruppen

237. S. BACKMANN/H. J. KÜNAST, Einführung, in: 238: 13–26.
238. S. BACKMANN u.a. (Hrsg.), Ehrkonzepte in der frühen Neuzeit. Identitäten und Abgrenzungen. Berlin 1998.
239. R. v. DÜLMEN, Der infame Mensch. Unehrliche Arbeit und soziale Ausgrenzung in der Frühen Neuzeit, in: 240: 106–140.
240. R. v. DÜLMEN (Hrsg.), Arbeit, Frömmigkeit und Eigensinn. Studien zur historischen Kulturforschung. Frankfurt a.M. 1990.
241. M. FRANK, Ehre und Gewalt im Dorf der frühen Neuzeit. Das Beispiel Heiden (Grafschaft Lippe) im 17. und 18. Jahrhundert, in: 252: 320–338.
242. A. GRIESSINGER, Das symbolische Kapital der Ehre. Streikbewegungen und kollektives Bewußtsein deutscher Handwerksgesellen im 18. Jahrhundert. Frankfurt a.M. 1981.
243. U. HINRICHSEN/S. HIRSCHBIEGEL, „Gewerbe, welche eine herumtreibende Lebensart mit sich führen“. Hausierer und Schausteller in Schleswig-Holstein zwischen 1774 und 1846. Neumünster 1999.
244. C. KÜTHER, Menschen auf der Straße. Göttingen 1983.
245. T.-E. MOHRMANN, Volksleben in Wilster im 16. und 17. Jahrhundert. Neumünster 1977.
246. B. MÜLLER-WIRTHMANN, Raufhändel. Gewalt und Ehre im Dorf, in: 84: 79–111.
247. J. NOWOSADTKO, Scharfrichter und Abdecker. Paderborn 1994.
248. J. NOWOSADTKO, Umstrittene Standesgrenzen: Ehre und Unehrlichkeit der bayrischen Schergen, in: 252: 166–182.
249. U. RUBLACK, Anschläge auf die Ehre: Schmähschriften und -zeichen in der städtischen Kultur des Ancien Régime, in: 252: 381–411.
250. E. SAURER, Straße, Schmuggel, Lottospiel. Materielle Kultur und Staat in Niederösterreich, Böhmen und Lombardo-Venetien im frühen 19. Jahrhundert. Göttingen 1989.
251. K. SCHREINER/G. SCHWERHOFF, Verletzte Ehre – Überlegungen zu einem Forschungskonzept, in: 252: 1–28.
252. K. SCHREINER/G. SCHWERHOFF (Hrsg.), Verletzte Ehre: Ehrkonflikte in Gesellschaften des Mittelalters und der frühen Neuzeit. Köln 1995.

253. K. SCHWARZ, Die Lage der Handwerksgesellen im Bremen während des 18. Jahrhunderts. Bremen 1975.
254. K. E. STUART, The Boundaries of Bonor: „Dishonorable People“ in Augsburg, 1500–1800. Diss Yale 1993.
255. E. SCHUBERT, Soziale Randgruppen und Bevölkerungsentwicklung im Mittelalter, in: Saeculum 34 (1988) 294–339.
256. P. SCHUSTER, Ehre und Recht, in: 238: 40–66.
257. S. ULLMANN, Kontakte und Konflikte zwischen Landjuden und Christen in Schwaben während des 17. und zu Anfang des 18. Jahrhunderts, in: 238: 288–315.

3.5 Hexenforschung

258. W. BEHRINGER, Scheiternde Hexenprozesse. Volksglaube und Hexenverfolgung um 1600 in München, in: 84: 42–78.
259. C. BEYER, „Hexen-Leute, so zu Würzburg gerichtet“. Der Umgang mit Spache und Wirklichkeit in Inquisitionsprozessen wegen Hexerei. Frankfurt a.M. 1981.
260. S. CLARK, Thinking with Demons. The Idea of Witchcraft in Early Modern Europe. Oxford 1997.
261. R. DECKER, Die Hexen und ihre Henker. Freiburg 1994.
262. C. DEGN u.a. (Hrsg.), Hexenprozesse. Deutsche und skandinavische Beiträge. Neumünster 1983.
263. B. DIESTELKAMP, Die Hexe ist an allem schuld, in: ders., Rechtsfälle aus dem Alten Reich. München 1995, 229–237.
264. H. HÖRGER, Wirtschaftlich-soziale und gesellschaftlich-ideologische Aspekte des Hexenwahns. Der Prozeß gegen Simon Altseer aus Rottenbach 1665, in: ZBLG 38 (1975) 945–966.
265. G. GERSMANN, Injurienklagen als Mittel der Abwehr von Hexereiverdächtigungen, in: 238: 237–269.
266. J. KOPPENHÖFER, Die mitleidlose Gesellschaft. Studien zu Verdachtsgenese, Ausgrenzungsverhalten und Prozeßproblematik im frühneuzeitlichen Hexenprozeß in der alten Grafschaft Nassau unter Johann VI. und der späteren Teilgrafschaft Nassau-Dillenburg (1559–1687). Frankfurt a.M. 1992.
267. E. LABOUVIE, Zauberei und Hexenwerk. Ländlicher Aberglaube in der frühen Neuzeit. Frankfurt 1991.
268. E. LABOUVIE, Verbotene Künste. Volksmagie und ländlicher Aberglaube in den Dorfgemeinden des Saarraumes (16.–19. Jahrhundert), St. Ingbert 1992.
269. E. LABOUVIE, Absage an den Teufel. Zum Ende dörflicher Hexeninquisition im Saarraum, in: 264: 55–76.

270. H. LEHMANN, Hexenprozesse in Norddeutschland und in Skandinavien im 16., 17. und 18. Jahrhundert. Bemerkungen zum Forschungsstand, in: 262: 9–12.
271. H. LEHMANN, Hexenglaube und Hexenprozesse in Europa um 1600, in: 262: 14–27.
272. S. LORENZ/D. BAUER (Hrsg.), Das Ende der Hexenverfolgung. Stuttgart 1995.
273. R. MUCHEMBLED, Sorcellerie, culture populaire et christianisme au XVIe siècle principalement en Falncere et en Artois, in: Annales 28 (1973) 275–283.
274. H. POHL, Hexenglaube und Hexenverfolgung im Kurfürstentum Mainz. Stuttgart 1988.
275. A. ROWLANDS, Witchcraft and Popular Religion in Early Modern Rothenburg ob der Tauber, in: Popular Religion in Germany and Central Europe, 1400–1800. Hrsg. v. R. W. Scribner/T. Johnson. London 1996, 16–38.
276. N. SCHINDLER, Die Entstehung der Unbarmherzigkeit. Zur Kultur und Lebensweise Salzburger Bettler am Ende des 17. Jahrhunderts, in: 61: 258–314.
277. J. SHARPE, Introduction, in: Alan Macfarlane, Witchcraft in Tudor and Stuart England. London 1999².
278. H. WUNDER, Hexenprozesse im Herzogtum Preußen während des 16. Jahrhunderts, in: 262: 179–203.

3.6 Geschlechterverhältnisse

279. I. AHRENDT-SCHULTE, Zauberinnen in der Stadt Horn (1554–1603). Magische Kultur und Hexenverfolgung in der Frühen Neuzeit. Frankfurt a.M. 1997.
280. R. BAKE, Vorindustrielle Frauenerwerbsarbeit. Arbeits- und Lebensweise von Manufakturarbeiterinnen im Deutschland des 18. Jahrhunderts unter besonderer Berücksichtigung Hamburgs. Köln 1984.
281. G. BOCK, Frauen in der europäischen Geschichte. Vom Mittelalter bis in die Gegenwart. München 2000.
282. H. BRANDENBURG, Altona 1789 und 1803, in: Die Sozialstruktur der Städte Kiel und Altona um 1800. Hrsg. v. K. Krüger/S. Kroll. Neumünster 1998, 179–292.
283. S. BURGHARTZ, Jungfräulichkeit oder Reinheit? Zu Änderungen von Argumentationsmustern vor dem Basler Ehegericht im 16. und 17. Jahrhundert, in: 286: 13–40.

284. M. DINGES, Ehre und Geschlecht in der frühen Neuzeit, in: 238: 123–147.

285. M. DINGES (Hrsg.), Hausväter, Priester, Kastraten: Zur Konstruktion von Männlichkeit in Spätmittelalter und früher Neuzeit. Göttingen 1998.

286. R. VAN DÜLMEN (Hrsg.), Dynamik der Tradition. Frankfurt a.M. 1992.

287. R. DÜRR, Die Ehre der Mägde zwischen Selbstdefinition und Fremdbestimmung, in: 238: 170–184.

288. F. EDER, Gesindedienst und geschlechterspezifische Arbeitsorganisation in Salzburger Haushalten des 17. und 18. Jahrhunderts, in: Gesinde im 18. Jahrhundert. Hrsg. v. G. Frühsorge u.a. Hamburg 1995, 41–68.

289. U. GLEIXNER, „Das Mensch" und „der Kerl". Die Konstruktion von Geschlecht in Unzuchtsverfahren der Frühen Neuzeit (1700–1760). Frankfurt a.M. 1994.

290. R. HABERMAS, Frauen und Männer im Kampf um Leib, Ökonomie und Recht. Zur Beziehung der Geschlechter im Frankfurt der frühen Neuzeit, in: 286: 109–135.

291. K. HAGEMANN/R. PRÖVE (Hrsg.), Landsknechte, Soldatenfrauen und Nationalkrieger. Frankfurt a.M. 1998.

292. K. HAGEMANN, Reflexionen zu einer Geschlechtergeschichte von Militär und Krieg, in: 291: 13–48.

293. M. HÄBERLEIN, Tod auf der Herrenstube: Ehre und Gewalt in der Augsburger Führungsschicht, in: 238: 148–169.

294. M. HOHKAMP, Häusliche Gewalt: Beispiele aus einer ländlichen Region des mittleren Schwarzwaldes im 18. Jahrhundert, in: Physische Gewalt: Studien zur Geschichte der Neuzeit. Hrsg. v. T. Lindenberger/A. Lüdtke. Frankfurt a.M. 1995.

295. M. KOBELT-GROCH, Aufsässige Töchter Gottes. Frauen im Bauernkrieg und in den Täuferbewegungen. Frankfurt a.M. 1993.

296. E. LABOUVIE, Geistliche Konkubinate auf dem Land, in: GG 26 (2000) 105–127.

297. M. LEMBERG, Die weiblichen Personen, die in unserem Metier pfuschen. Vom mühseligen Weg zur selbständigen Arbeit in Marburg und anderen hessischen Städten. Marburg 1997.

298. B. LINZBACH, Geschichtlicher Überblick, in: Hebammen in Lippe 1603–1872. Bearb. v. B. Linzbach. Detmold 1996.

299. H. MEDICK (Hrsg.), Geschlechtergeschichte und allgemeine Geschichte. Göttingen 1988.

300. S. MÖHLE, Ehekonflikte und sozialer Wandel. Göttingen 1714–1840. Frankfurt a.M. 1997.
301. S. POHL, „Ehrlicher Todschlag“ – „Rache“ – „Notwehr“, in: 324: 239–283.
302. M. ROGG, „Wof auff mit mir, du schoenes weyb“ Anmerkungen zur Konstruktion von Männlichkeit im Soldatenbild des 16. Jahrhunderts, in: 291: 51–73.
303. L. ROPER, Das fromme Haus. Frauen und Moral in der Reformation. Frankfurt a.M. 1995.
304. L. ROPER, Oedipus and the Devil. Witchcraft, sexuality and religion in early modern Europe. London 1994.
305. U. RUBLACK, Metze oder Magd: Krieg und die Bildfunktion des Weiblichen in deutschen Städten der Frühen Neuzeit, in: 238: 199–222.
306. U. RUBLACK, Magd, Metze oder Mörderin. Frauen vor frühneuzeitlichen Gerichten. Frankfurt a.M. 1998.
307. U. RUBLACK, The Crimes of Women in Early Modern Germany. Oxford 1999.
308. B. SCHMITZ, Hebammen in Münster. Münster 1994.
309. R. SCHULTE, Die verkehrte Welt des Krieges. Frankfurt a.M. 1998.
310. K. STUKENBROCK, Abtreibung im ländlichen Raum Schleswig-Holsteins im 18. Jahrhundert. Neumünster 1993.
311. B. A. TLUSTY, Crossing Gender Boundaries: Women as Drunkards in Early Modern Augsburg, in: 238: 185–198.
312. O. ULBRICHT, Einleitung, in: Von Huren und Rabenmüttern. Weibliche Kriminalität in der frühen Neuzeit. Hrsg. v. O. Ulbricht. Köln 1995, 1–37.
313. O. ULBRICHT, Zwischen Vergeltung und Zukunftsplanung. Hausdiebstahl von Mägden in Schleswig-Holstein vom 16. bis zum 19. Jahrhundert, in: 312: 139–170.
314. K. WESOLY, Lehrlinge und Handwerksgesellen am Mittelrhein. Frankfurt a.M. 1985.
315. M. E. WIESNER, Working Women in Renaissance Germany. New Brunswick 1986.
316. F. C. WILLE, Über Stand und Ausbildung der Hebammen im 17. und 18. Jahrhundert in ChurBrandenburg, in: Abhandlungen zur Geschichte der Medizin und der Naturwissenschaften 4 (1934) 1–22.
317. J. WILTENBURG, Weibliche Kriminalität in popularen Flugschriften 1550–1650, in: 312: 215–229.

318. H. WUNDER, „Er ist die Sonn' sie ist der Mond". Frauen in der frühen Neuzeit. München 1992.
319. H. WUNDER, „Weibliche Kriminalität" in der Frühen Neuzeit. Überlegungen aus der Sicht der Geschlechtergeschichte, in: 312: 39–61.

4. Kirche – Konfessionalisierung – Frömmigkeit – Volksfrömmigkeit

320. C. DAXELMÜLLER, Der Untergrund der Frömmigkeit. Zur Geschichte und Pathologie religiöser Bräuche, in: Saeculum 47 (1996) 136–157.
321. C. DIPPER, Volksreligiosität und Obrigkeit im 18. Jahrhundert, in: 331: 73–96.
322. R. v. DÜLMEN, Religion in Geschichte und Gesellschaft. Frankfurt a.M. 1989.
323. R. v. DÜLMEN, Volksfrömmigkeit und konfessionelles Christentum im 16. und 17. Jahrhundert, in: 331: 14–30.
324. B. JUSSEN/C. KOSLOFSKY (Hrsg.), Kulturelle Reformation. Göttingen 1999.
325. H. LEHMANN, Frömmigkeitsgeschichtliche Auswirkungen der ‚Kleinen Eiszeit', in: 331: 31–50.
326. T. MAHLMANN, Johannes Kromayers Wirken für Schule und Kirche im frühen 17. Jahrhundert, in: PuN 20 (1994) 28–54.
327. H. MOLITOR/H. SMOLINSKY (Hrsg.), Volksfrömmigkeit in der frühen Neuzeit. Münster 1994.
328. J. OBELKEVICH (Hrsg.), Religion and the People. Chapel Hill 1979.
329. H.-C. RUBLACK, „Der wohlgeplagte Priester". Vom Selbstverständnis lutherischer Geistlicher im Zeitalter der Orthodoxie, in: ZHF 16 (1989) 1–30.
330. SCHARFE, MARTIN: Legales Christentum: Eine Revision von Thesen zur Volksreligiosität, in: WestfF 42 (1992) 26–62.
331. W. SCHIEDER (Hrsg.), Volksreligiosität in der modernen Sozialgeschichte. Göttingen 1986.
332. L. SCHORN-SCHÜTTE, Priest, Preacher, Pastor: Research on Clerical Office in Early Modern Europe, in: CEH 33 (2000) 1–40.
333. R. W. SCRIBNER, Volksglaube und Volksfrömmigkeit. Begriffe und Historiographie, in: 327: 121–138.
334. R. W. SCRIBNER, Oral Culture and the Diffusion of Reformation Ideas, in: 335: 49–70.

335. R. W. SCRIBNER, Popular Culture and Popular Movements in Reformation Germany. London 1987.
336. U. SEIDER, Und ist ihme dargelichen worden. Die Kirche als Geldgeber vom 17. bis zum 20. Jahrhundert. Passau 1996.
337. H. SMOLINSKY, Volksfrömmigkeit als Thema der neueren Forschung. Beobachtungen und Aspekte, in: 327: 9–16.
338. U. STRÄTER, Meditation und Kirchenreform in der lutherischen Kirche des 17. Jahrhunderts. Tübingen 1995.

4.1 Frühe Reformation

339. T. BRADY, In Search of the Godly City: The Domestication of Religion in the German Urban Reformation, in: 346: 14–31.
340. N. BULST, Heiligenverehrung in Pestzeiten. Soziale und religiöse Reaktionen auf die spätmittelalterlichen Pestepidemien, in: Mundus in imagine. Bildersprache und Lebenswelten im Mittelalter. Hrsg. v. A. Löther. München 1996, 63–97.
341. A. BUTZKAMM, Bild und Frömmigkeit im 15. Jahrhundert. Paderborn 1990.
342. M. U. CHRISMAN, Printing and the Evolution of Lay Culture in Strasbourg 1480–1599, in: 346: 74–101.
343. H. DIENST, Lebensbewältigung durch Magie. Alltägliche Zauberei in Innsbruck gegen Ende des 15. Jahrhunderts, in: Alltag im 16. Jahrhundert. Studien zu Lebensformen in mitteleuropäischen Städten. Hrsg. v. A. Kohler/H. Lutz. München 1987, 80–117.
344. R. v. FRIEDEBURG, Fromme Untertanen und Täufer im Konflikt um die Ordnung der Welt. Das Beispiel Hessen, in: Radikalität und Dissent im 16. Jahrhundert. Hrsg. v. H.-J.Goertz. Berlin 2001.
345. T. FUCHS, Protestantische Heiligen-*memoria* im 16. Jahrhundert, in: HZ 267 (1998) 587–614.
346. R. PO-CHIA HSIA (Hrsg.), The German People and the Reformation. Ithaca 1988.
347. D.-R. MOSER, Kritisches zu neuen Hypothesen der Fastnachtsforschung, in: JbVk N.F. 5 (1982) 9–50.
348. L. ROTHKRUG, Popular Religion and Holy Shrines, in: 328: 20–86.
349. H.-C. RUBLACK, The Song of Contz Anahans: Communication and Revolt in Nördlingen, 1525, in: 346: 102–120.
350. K. SCHLEMMER, Gottesdienst und Frömmigkeit in der Reichsstadt Nürnberg am Vorabend der Reformation. Nürnberg 1980.
351. B. SCHNEIDER, Wandel und Beharrung. Bruderschaften und Frömmigkeit in Spätmittelalter und früher Neuzeit, in: 327: 65–88.

352: R. W. SCRIBNER, Reformation, Carnival and the World Turned Upside Down, in: 335: 71–102.
353. R. W. SCRIBNER, For the Sake of Simple Folk. Popular Propaganda for the German Reformation. 1981. Oxford 1994.
354. R. W. SCRIBNER, Ritual and Reformation, in: 346: 122–146.
355. R. W. SCRIBNER, Das Visuelle in der Volksfrömmigkeit, in: Bilder und Bildersturm im Spätmittelalter und in der frühen Neuzeit. Hrsg. v. R.W. Scribner. Wiesbaden 1990, 9–20.
356. G. VOGLER, Imperial City of Nuremberg, 1524–1525: the Reform Movement in Transition, in: 346: 33–49.
357. W. WETTGES, Reformation und Propaganda. Stuttgart 1978.

4.2 Reformation und Konfessionalisierung

358. L. J. ABRAY, The People's Reformation. Magistrates, Clergy, and Commons in Strasbourg 1500–1598. Ithaca 1985.
359. W. BRÜCKNER, Christlicher Amulett-Gebrauch der frühen Neuzeit. Grundsätzliches und Spezifisches zur Popularisierung des Agnus Dei, in: Frömmigkeit. Formen, Geschichte, Verhalten, Zeugnisse. Hrsg. v. Bayerischen Nationalmuseum. München 1993, 89–134.
360. H. J. COHN, The Territorial Princes in Germany's Second Reformation, 1559–1622, in: International Calvinism 1541–1715. Hrsg. v. M. Prestwich. Oxford 1985, 135–165.
361. S. EHRENPREIS, „Wir sind mit blutigen Köpfen davon gelaufen ...". Lokale Konfessionskonflikte im Herzogtum Berg 1550–1700. Bochum 1993.
362. M. R. FORSTER, The Counter-Reformation in the Villages. Religion and Reform in the Bishopric of Speyer, 1560–1720. Ithaca 1992.
363. E. FRANÇOIS, Koblenz im 18. Jahrhundert. Zur Sozial- und Bevölkerungsstruktur einer deutschen Residenzstadt. Göttingen 1982.
364. E. FRANÇOIS, Die Unsichtbare Grenze. Protestanten und Katholiken in Augsburg, 1648–1806. Sigmaringen 1991.
365. W. FREITAG, Volks- und Elitenfrömmigkeit in der frühen Neuzeit. Marienwallfahrten im Fürstbistum Münster. Paderborn 1991.
366. W. FREITAG, Pfarrer, Kirche und ländliche Gemeinschaft. Das Dekanat Vechta 1400–1803. Bielefeld 1998.
367. E. FRIESS/G. GUGITZ, Die Wallfahrten nach Adlwang in Oberösterreich im Lichte der Mirakelbücher (1620–1746). Wien 1951.
368. K. GANZER, Das Konzil von Trient und die Volksfrömmigkeit, in: 327: 17–26.
369. C. GÖTTLER, Die Disziplinierung des Heiligenbildes durch altgläubige Theologen nach der Reformation, in: Bilder und Bilder-

sturm im Spätmittelalter und in der frühen Neuzeit. Hrsg. v. R. W. Scribner, Wiesbaden 1990, 263–297.

370. R. HABERMAS, Wallfahrt und Aufruhr. Zur Geschichte des Wunderglaubens in der frühen Neuzeit. Frankfurt a.M. 1991.

371. E. HELLER-KARNETH, Drei Konfessionen in einer Stadt. Würzburg 1996.

372. W. HELM, Obrigkeit und Volk. Herrschaft im frühneuzeitlichen Alltag Niederbayerns. Passau 1993.

373. P. HERSCHE, Devotion, Volksbrauch oder Massenprotest? Ein Literaturbericht aus sozialgeschichtlicher Sicht zum Thema Wallfahrt, in: Das achtzehnte Jahrhundert und Österreich 9 (1994) 7–34.

374. H. HÖRGER, Kirche, Dorfreligion und bäuerliche Gesellschaft. Teil I. München 1978.

375. R. PO-CHIA HSIA, Society and Religion in Münster, 1535–1618. New Haven 1984.

376. S. C. KARANT-NUNN, „Gedanken, Herz und Sinn". Die Unterdrükkung der religiösen Emotionen, in: 324: 69–95.

377. S. C. KARANT-NUNN, The Reformation of Ritual. London 1997.

378. B. KRUG-RICHTER, Zwischen Fasten und Festmahl. Hospitalverpflegung in Münster 1540–1650. Stuttgart 1994.

379. P. T. LANG, „Ein grobes, unbändiges Volk". Visitationsberichte und Volksfrömmigkeit, in: 327: 49–64.

380. R. LIESKE, Protestantische Frömmigkeit im Spiegel der kirchlichen Kunst des Herzogtums Württemberg. München 1973.

381. H. MOLITOR, Mehr mit den Augen als mit den Ohren glauben, in: 327: 89–106.

382. E. MOSER-RATH, Dem Kirchenvolk die Leviten gelesen. Alltag im Spiegel süddeutscher Barockpredigten. Stuttgart 1991.

383. C. OCKER, „Rechte Arme" und „Bettler Orden". Eine neue Sicht der Armut und die Delegitimierung der Bettelmönche, in: 324: 129–157.

384. J. PETERS, Das laute Kirchenleben und die leisen Seelsorgen, in: Arbeit, Frömmigkeit und Eigensinn. Studien zur historischen Kulturforschung. Hrsg. v. R. v. Dülmen. Frankfurt a.M. 1990, 75–105.

385. W. RUMMEL, Die „Ausrottung des abscheulichen Hexerey Lasters". Zur Bedeutung populärer Religiosität in einer dörflichen Hexenverfolgung des 17. Jahrhunderts, in: 331: 51–72.

386. K. SANDER, Aberglauben im Spiegel schleswig-holsteinscher Quellen des 16. bis 18. Jahrhunderts. Neumünster 1991.

387. C. SCOTT-DIXON, The Reformation and rural society. The parishes

of Brandenburg-Ansbach-Kulmbach, 1528–1603. Cambridge 1996.

388. C. Scott-Dixon, Popular Beliefs and the Reformation in Brandenburg-Ansbach, in: 392: 119–139.

389. M. Scheinost, Der Kirchendiebstahl des Georg Bauer in Mönchberg. Aspekte der Rechtsprechung im Oberstift Mainz im 17. Jahrhundert, in: Frömmigkeit und Kunst in Franken. Hrsg. v. M. Imhof u.a. Bamberg 1994, 185–237.

390. H. Schilling, Protestant Confessionalization in Rural Parts of Northwestern and Northern Europe: General Considerations and Some Remarks on the Results of Case Studies, in: La christianisation des campagnes. Brüssel 1996. Hrsg. v. J.-P. Massaut/M.-E. Henneau, 249–269.

391. R. W. Scribner, Ritual and Reformation, in: 346: 122–146.

392. R. W. Scribner/T. Johnson (Hrsg.), Popular Religion in Germany and Central Europe, 1400–1800. London 1996.

393. K. Seidenath, Die Gegenreformation im Hochstift Bamberg, in: Frömmigkeit und Kunst in Franken. Hrsg. v. M. Imhof u.a. Bamberg 1994, 9–20.

394. H. Smolinsky, Volksfrömmigkeit und religöse Literatur im Zeitalter der Konfessionalisierung, in: 327: 27–36.

395. D. Stoll, Die Kölner Presse im 16. Jahrhundert. Wiesbaden 1991.

396. H. Tompert, Die Flugschrift als Medium religiöser Publizistik, in: Kontinuität und Umbruch. Theologie und Frömmigkeit in Flugschriften und Kleinliteratur an der Wende vom 15. zum 16. Jahrhundert. Stuttgart 1978, 211–221.

397. A. Uckeley, Ein Bericht über das kirchliche Leben einer hessischen Gemeinde in den Jahren 1525–1557, in: ZKiG 60 (1942) 75–88.

398. L. Veit/L. Lenhart, Kirche und Volksfrömmigkeit im Zeitalter des Barock. Freiburg 1956

399. B. Vogler, Volksfrömmigkeit im Luthertum, in: 327: 37–48.

400. S. Wittig-Messemer, Privater Bücherbesitz in Nürnberg und den umliegenden Gebieten im 17. und 18. Jahrhundert. Diss. Nürnberg 1996.

401. P. Zschunke, Konfession und Alltag in Oppenheim. Beiträge zur Geschichte von Bevölkerung und Gesellschaft einer gemischtkonfessionellen Kleinstadt in der frühen Neuzeit. Wiesbaden 1984.

4.3 Aufklärung

402. H. E. BÖDEKER/E. HINRICHS (Hrsg.), Alphabetisierung und Literalisierung in der Frühen Neuzeit. Tübingen 1999.
403. W. BRÜCKNER, Zum Wandel der religiösen Kultur im 18. Jahrhundert. Einkreisungsversuche der „Barockfrommen" zwischen Mittelalter und Massenmissionierung, in: 91: 65–83.
404. H.-V. FINDEISEN, Pietismus in Fellbach 1750–1820. Tübingen 1985.
405. P. MÜNCH, Die Kosten der Frömmigkeit. Katholizismus und Protestantismus im Visier von Kameralismus und Aufklärung, in: 327: 107–119.
406. A. GESTRICH, Pietismus und Aberglaube. Zum Zusammenhang von populärem Pietismus und dem Ende der Hexenverfolgung, in: 272: 269–286.
407. B. GOY, Aufklärung und Volksfrömmigkeit in den Bistümern Würzburg und Bamberg. Würzburg 1969.
408. E. HINRICHS, Zum Alphabetisierungsstand in Norddeutschland um 1800, in: 91: 21–42.
409. A. HÖCK, Bemerkungen zu Notiz- und Rechnungsbüchern aus hessischen Dörfern, in: Alte Tagebücher und Anschreibebücher. Hrsg. v. H. Ottenjahn/G. Wiegelmann. Münster 1982, 49–60.
410. H. MEDICK, Weben und Überleben in Laichingen 1650–1900. Göttingen 1997.
411. H. MÖLLER, Fürstenstaat und Bürgernation. Deutschland 1763–1815. Berlin 1989.
412. D.-R. MOSER, Exempel – Paraphrase – Märchen. Zum Gattungswandel christlicher Volkserzählungen im 17. und 18. Jahrhundert am Beispiel einiger „Kinder- und Hausmärchen" der Brüder Grimm, in: 91: 117–148.
413. G. P. MUTTER, Staatsgewalt und volksreligiöses Brauchtum in Bayern während der Aufklärung. Regensburg 1995.
414. B. D. PLAUM, Strafrecht, Kriminalpolitik und Kriminalität im Fürstentum Siegen 1750–1810. St. Katharinen 1990.
415. J. RABAS, Katechetisches Erbe der Aufklärungszeit. Freiburg 1963.
416. M. SCHARFE, Was wird von den Dienstboten gegen ihre Herren und Frauen erfordert?, in: Hessische Blätter für Volks- und Kulturforschung NF 22 (1987) 51–64.
417. R. Siegert, Zur Alphabetisierung in den deutschen Regionen am Ende des 18. Jahrhunderts, in: 402: 283–307.

418. K. D. SIEVERS, Volkskultur und Aufklärung im Spiegel der Schleswig-Holsteinschen Provinzialberichte. Neumünster 1970.
419. H. SCHMIDT, „Aufgeklärte" Gesangbuch-Reform und ländliche Gemeinde. Zum Widerstand gegen die Einführung neuer Gesangbücher im Herzogtum Oldenburg und der Herrschaft Kleve am Ende des 18. Jahrhunderts, in: 91: 85–115.
420. M. O. ULBRICH, Einleitung, in: 10: 203–244.
421. N. WINNIGE, Unterschriften aus der Altmark. Zur Alphabetisierung in Stendal und Umgebung um 1800, in: Leben und Arbeiten auf märkischem Sand. Hrsg. v. R. Pröve/B. Kölling. Bielefeld 1999, 90–119.
422. H. WUNDER, Sozialer und kultureller Wandel in der ländlichen Welt des 18. Jahrhunderts – Überlegungen am Beispiel von „Bauer und Religion" (unter besonderer Berücksichtigung Ostpreußens), in: 91: 43–64.

5. *Antijudaismus – Antisemitismus der Volkskultur*

423. D. ASCHOFF, Simon v. Kassel, ein hessisches Judenschicksal in der Zeit Philipps des Großmütigen, in: ZHG 91 (1986) 31–48.
424. W. BIENERT, Luther und die Juden. Frankfurt a.M. 1982.
425. H.-H. EBELING, Die Juden in Braunschweig. Braunschweig 1987.
426. J. DEVENTER, Das Abseits als sicherer Ort? Jüdische Minderheit und christliche Gesellschaft im Alten Reich. Paderborn 1996.
427. R. ERB/W. BERGMANN (Hrsg.), Die Nachtseite der Judenemanzipation. Der Widerstand gegen die Integration der Juden in Deutschland 1780–1866. Berlin 1989.
428. R. ERB, Der gekreuzigte Hund. Antijudaismus und Blutaberglaube im fränkischen Alltag des frühen 18. Jahrhunderts, in: Ashkenas 1 (1992) 117–150.
429. D. HERTZ, Contacts and Relations in the Pre-Emancipation Period – A Comment, in: 431: 151–157
430. A. HERZIG, Die Juden in Deutschland zur Zeit Reuchlins, in: Reuchlin und die Juden. Hrsg. v. A. Herzig/J. H. Schoeps, Sigmaringen 1993, 11–20.
431. R. PO-CHIA HSIA/H. LEHMANN (Hrsg.), In and Out of the Ghetto. Jewish-Gentile Relations in late Medieval and Early Modern Germany. Cambridge 1996.
432. R. PO-CHIA HSIA, The Myth of Ritual Murder: Jews and Magic in Reformation Germany. New Haven 1988.
433. R. PO-CHIA HSIA, The Usurious Jew: Economic Structure and

Religious Representations in an Anti-Semitic Discourse, in: 431: 161–176.

434. R. Po-Chia Hsia, Die Juden im Alten Reich, in: Stände und Gesellschaft im Alten Reich. Hrsg. v. G. Schmidt. Stuttgart 1989, 213–220.

435. C. Kasper-Holtkotte, Juden im Aufbruch. Zur Sozialgeschichte einer Minderheit im Saar-Mosel-Raum um 1800. Hannover 1996.

436. S. S. Magnus, Jewish Emancipation in a German City. Cologne 1798–1871. Stanford 1997.

437. J. M. Minty, Judengasse to Christian Quarter: The Phenomenon of the Converted Synagogue in the Late Medieval and the Early Modern Holy Roman Empire, in: 392: 58–86.

438. H. Oberman, Wurzeln des Antisemitismus: Christenangst und Judenplage im Zeitalter von Humanismus und Reformation. Berlin 1981.

439. R. Ries, Zur Bedeutung von Reformation und Konfessionalisierung für das christlich-jüdische Verhältnis in Niedersachsen, in: Aschkenas 6 (1996) 353–420.

440. R. Ries, Jüdisches Leben in Niedersachsen im 15. und 16. Jahrhundert. Hannover 1994.

441. M. Toch, „Umb des Gemeyns Nutz und Nottdurfft willn". Obrigkeitliches und jurisdiktionelles Denken bei der Austreibung der Nürnberger Juden 1498/99, in: ZhF 11 (1984) 1–22.

442. R. Walz, Der vormoderne Antisemitismus: Religiöser Fanatismus oder Rassenwahn?, in: HZ 260 (1995) 719–749.

Register

Personenregister

Sachregister

Ortsregister

Enzyklopädie deutscher Geschichte
Themen und Autoren

Mittelalter

Agrarwirtschaft, Agrarverfassung und ländliche Gesellschaft im Mittelalter (Werner Rösener) 1992. EdG 13 — Gesellschaft
Adel, Rittertum und Ministerialität im Mittelalter (Werner Hechberger)
Die Stadt im Mittelalter (Michael Matheus)
Armut im Mittelalter (Otto Gerhard Oexle)
Geschlechtergeschichte des Mittelalters (Hedwig Röckelein)
Die Juden im mittelalterlichen Reich (Michael Toch) 1998. EdG 44

Wirtschaftlicher Wandel und Wirtschaftspolitik im Mittelalter (Michael Rothmann) — Wirtschaft

Wissen als soziales System im Frühen und Hochmittelalter (Johannes Fried) — Kultur, Alltag, Mentalitäten
Die geistige Kultur im späteren Mittelalter (Johannes Helmrath)
Die ritterlich-höfische Kultur des Mittelalters (Werner Paravicini) 2. Aufl. 1999. EdG 32

Die mittelalterliche Kirche (Michael Borgolte) 1992. EdG 17 — Religion und Kirche
Religiöse Bewegungen im Mittelalter (N. N.)
Formen der Frömmigkeit im Mittelalter (Arnold Angenendt)

Die Germanen (Walter Pohl) 2000. EDG 57 — Politik, Staat, Verfassung
Die Slawen in der deutschen Geschichte des Mittelalters (Thomas Wünsch)
Das römische Erbe und das Merowingerreich (Reinhold Kaiser) 2. Aufl. 1997. EdG 26
Das Karolingerreich (Bernd Schneidmüller)
Die Entstehung des Deutschen Reiches (Joachim Ehlers) 2. Aufl. 1998. EdG 31
Königtum und Königsherrschaft im 10. und 11. Jahrhundert (Egon Boshof) 2. Aufl. 1997. EdG 27
Der Investiturstreit (Wilfried Hartmann) 2. Aufl. 1996. EdG 21
König und Fürsten, Kaiser und Papst nach dem Wormser Konkordat (Bernhard Schimmelpfennig) 1996. EdG 37
Deutschland und seine Nachbarn 1200–1500 (Dieter Berg) 1996. EdG 40
Die kirchliche Krise des Spätmittelalters (Heribert Müller)
König, Reich und Reichsreform im Spätmittelalter (Karl-Friedrich Krieger) 1992. EdG 14
Fürstliche Herrschaft und Territorien im späten Mittelalter (Ernst Schubert) 1996. EdG 35

Frühe Neuzeit

Bevölkerungsgeschichte und historische Demographie 1500–1800 (Christian Pfister) 1994. EdG 28 — Gesellschaft
Umweltgeschichte der Frühen Neuzeit (Christian Pfister)

Bauern zwischen Bauernkrieg und Dreißigjährigem Krieg (André Holenstein) 1996. EdG 38
Bauern 1648–1806 (Werner Troßbach) 1992. EdG 19
Adel in der Frühen Neuzeit (Rudolf Endres) 1993. EdG 18
Der Fürstenhof in der Frühen Neuzeit (Rainer A. Müller) 1995. EdG 33
Die Stadt in der Frühen Neuzeit (Heinz Schilling) 1993. EdG 24
Armut, Unterschichten, Randgruppen in der Frühen Neuzeit (Wolfgang von Hippel) 1995. EdG 34
Unruhen in der ständischen Gesellschaft 1300–1800 (Peter Blickle) 1988. EdG 1
Frauen- und Geschlechtergeschichte 1500–1800 (Heide Wunder)
Die Juden in Deutschland vom 16. bis zum Ende des 18. Jahrhunderts (J. Friedrich Battenberg) 2001. EdG 60

Wirtschaft

Die deutsche Wirtschaft im 16. Jahrhundert (Franz Mathis) 1992. EdG 11
Die Entwicklung der Wirtschaft im Zeitalter des Merkantilismus 1620–1800 (Rainer Gömmel) 1998. EdG 46
Landwirtschaft in der Frühen Neuzeit (Walter Achilles) 1991. EdG 10
Gewerbe in der Frühen Neuzeit (Wilfried Reininghaus) 1990. EdG 3
Kommunikation, Handel, Geld und Banken in der Frühen Neuzeit (Michael North) 2000. EdG 59

Kultur, Alltag, Mentalitäten

Medien in der Frühen Neuzeit (Stephan Füssel)
Bildung und Wissenschaft im 15. und 16. Jahrhundert (Notker Hammerstein)
Bildung und Wissenschaft in der Frühen Neuzeit 1650–1800 (Anton Schindling) 2. Aufl. 1999. EdG 30
Die Aufklärung (Winfried Müller) 2002. EdG 61
Lebenswelt und Kultur des Bürgertums in der Frühen Neuzeit (Bernd Roeck) 1991. EdG 9
Lebenswelt und Kultur der unterständischen Schichten in der Frühen Neuzeit (Robert von Friedeburg) 2002. EdG 62

Religion und Kirche

Die Reformation. Voraussetzungen und Durchsetzung (Olaf Mörke)
Konfessionalisierung im 16. Jahrhundert (Heinrich Richard Schmidt) 1992. EdG 12
Kirche, Staat und Gesellschaft im 17. und 18. Jahrhundert (Michael Maurer) 1999. EdG 51
Religiöse Bewegungen in der Frühen Neuzeit (Hans-Jürgen Goertz) 1993. EdG 20

Politik, Staat und Verfassung

Das Reich in der Frühen Neuzeit (Helmut Neuhaus) 1997. EdG 42
Landesherrschaft, Territorien und Staat in der Frühen Neuzeit (Joachim Bahlcke)
Die Entwicklung der landständischen Verfassung (Kersten Krüger)
Vom aufgeklärten Reformstaat zum bürokratischen Staatsabsolutismus (Walter Demel) 1993. EdG 23
Militärgeschichte des späten Mittelalters und der Frühen Neuzeit (Bernhard Kroener)

Staatensystem, internationale Beziehungen

Das Reich im Kampf um die Hegemonie in Europa 1521–1648 (Alfred Kohler) 1990. EdG 6
Altes Reich und europäische Staatenwelt 1648–1806 (Heinz Duchhardt) 1990. EdG 4

19. und 20. Jahrhundert

Gesellschaft

Demographie des 19. und 20. Jahrhunderts (Josef Ehmer)
Umweltgeschichte des 19. und 20. Jahrhunderts (Arne Andersen)
Adel im 19. und 20. Jahrhundert (Heinz Reif) 1999. EdG 55
Geschichte der Familie im 19. und 20. Jahrhundert (Andreas Gestrich) 1998. EdG 50
Urbanisierung im 19. und 20. Jahrhundert (Klaus Tenfelde)
Soziale Schichtung, soziale Mobilität und sozialer Protest im 19. und 20. Jahrhundert (N.N.)
Von der ständischen zur bürgerlichen Gesellschaft (Lothar Gall) 1993. EdG 25
Die Angestellten seit dem 19. Jahrhundert (Günter Schulz) 2000. EdG 54
Die Arbeiterschaft im 19. und 20. Jahrhundert (Gerhard Schildt) 1996. EdG 36
Frauen- und Geschlechtergeschichte im 19. und 20. Jahrhundert (Karen Hagemann)
Die Juden in Deutschland 1780–1918 (Shulamit Volkov) 2. Aufl. 2000. EdG 16
Die Juden in Deutschland 1914–1945 (Moshe Zimmermann) 1997. EdG 43

Wirtschaft

Die Industrielle Revolution in Deutschland (Hans-Werner Hahn) 1998. EdG 49
Die deutsche Wirtschaft im 20. Jahrhundert (Wilfried Feldenkirchen) 1998. EdG 47
Agrarwirtschaft und ländliche Gesellschaft im 19. Jahrhundert (Stefan Brakensiek)
Agrarwirtschaft und ländliche Gesellschaft im 20. Jahrhundert (Ulrich Kluge)
Gewerbe und Industrie im 19. und 20. Jahrhundert (Toni Pierenkemper) 1994. EdG 29
Handel und Verkehr im 19. Jahrhundert (Karl Heinrich Kaufhold)
Handel und Verkehr im 20. Jahrhundert (Christopher Kopper)
Banken und Versicherungen im 19. und 20. Jahrhundert (Eckhard Wandel) 1998. EdG 45
Staat und Wirtschaft im 19. Jahrhundert (bis 1914) (Rudolf Boch)
Staat und Wirtschaft im 20. Jahrhundert (Gerold Ambrosius) 1990. EdG 7

Kultur, Alltag und Mentalitäten

Kultur, Bildung und Wissenschaft im 19. Jahrhundert (Hans-Christof Kraus)
Kultur, Bildung und Wissenschaft im 20. Jahrhundert (Frank-Lothar Kroll)
Lebenswelt und Kultur des Bürgertums im 19. und 20. Jahrhundert (Andreas Schulz)
Lebenswelt und Kultur der unterbürgerlichen Schichten im 19. und 20. Jahrhundert (Wolfgang Kaschuba) 1990. EdG 5

Religion und Kirche

Formen der Frömmigkeit in einer sich säkularisierenden Gesellschaft (Karl Egon Lönne)
Kirche, Politik und Gesellschaft im 19. Jahrhundert (Gerhard Besier) 1998. EdG 48
Kirche, Politik und Gesellschaft im 20. Jahrhundert (Gerhard Besier) 2000. EdG 56

Politik, Staat, Verfassung

Der Deutsche Bund und das politische System der Restauration 1815–1866 (Jürgen Müller)
Verfassungsstaat und Nationsbildung 1815–1871 (Elisabeth Fehrenbach) 1992. EdG 22
Politik im deutschen Kaiserreich (Hans-Peter Ullmann) 1999. EdG 52

Die Weimarer Republik. Politik und Gesellschaft (Andreas Wirsching) 2000. EdG 58
Nationalsozialistische Herrschaft (Ulrich von Hehl) 2. Auflage 2001. EdG 39
Die Bundesrepublik Deutschland. Verfassung, Parlament und Parteien (Adolf M. Birke) 1996. EdG 41
Militärgeschichte des 19. und 20. Jahrhunderts (Ralf Pröve)
Die Sozialgeschichte der Bundesrepublik Deutschland (Axel Schildt)
Die Sozialgeschichte der Deutschen Demokratischen Republik (N.N.)
Die Innenpolitik der Deutschen Demokratischen Republik (Günther Heydemann)

Staatensystem, internationale Beziehungen

Die deutsche Frage und das europäische Staatensystem 1815–1871 (Anselm Doering-Manteuffel) 2. Aufl. 2001. EdG 15
Deutsche Außenpolitik 1871–1918 (Klaus Hildebrand) 2. Aufl. 1994. EdG 2
Die Außenpolitik der Weimarer Republik (Gottfried Niedhart) 1999. EdG 53
Die Außenpolitik des Dritten Reiches (Marie-Luise Recker) 1990. EdG 8
Die Außenpolitik der Bundesrepublik Deutschland (Hermann Graml)
Die Außenpolitik der Deutschen Demokratischen Republik (Joachim Scholtyseck)

Hervorgehobene Titel sind bereits erschienen.

Stand: (April 2002)

www.ingramcontent.com/pod-product-compliance
Lightning Source LLC
Chambersburg PA
CBHW030335270326
41926CB00010B/1638